不打不骂，穷养男孩的100个细节

（第三册）

宿文渊　编著

中国华侨出版社

前　言

　　把一个浑身上下满是棱角的男孩养育成才非常不容易。由于性别差异，男孩与女孩之间有着太多不同：男孩精力旺盛调皮捣蛋，所以身上总是麻烦不断；男孩自控能力较差，常常禁不住外界的诱惑；男孩具有强烈的金钱欲，很容易会被金钱所诱；男孩的自尊心极强，他们很容易做出莽撞的事情来……面对男孩成长过程中出现的种种状况，家长往往也是一个头两个大：我们究竟该怎么办？

　　男孩穷养就是最好的方法。俗话说"穷人的孩子早当家"，顶天立地的好男孩一定是穷养出来的！有句话说，天将降大任于斯人也，必先苦其心志，劳其筋骨，饿其体肤，如此才能修身齐家治国平天下。所以，无论家境多好，对男孩绝对不能宠，必须穷着养，让他吃得苦中苦，从吃苦中使他的意志得到磨炼，培养其艰苦朴素、吃苦耐劳的作风，仁义孝道的思想，让他从小就明白生活的艰辛。如此，将来方可担负起社会和家庭的重任。相反，一个男孩如果兜里从来都有大把的金钱可支配，他的大脑自然会更多思考"如何花钱"的问题，而不是"如何赚钱""好好学习"或"如何才能提高自己的能力"……慢慢地，金钱浸润下成长的男孩，也就走上了人生的弯路。无数例子告诉我们，过多的物质和金钱不仅难以培养男孩独立面对未来的能力和魄力，反而会将他本应具备的能力和积极进取之心彻底地埋葬。正是从这个意义上说，穷养男孩才有了更为深刻的内涵。

　　做男孩的父母就得"狠"一点，就要狠心穷着养。家长将男孩奉为家里的"小皇帝"，对其溺爱无度，就会养育出个"扶不上墙"的"啃老族"。家长对男孩狠一点，懂得"穷养"男孩的真谛，在其成长过程中赋予他一定的能力，培养他良好的品格，男孩就能顺利成长为一位的男子汉！今天对男孩"狠心"，明天才能对男孩"放心"。而穷养男孩的实质是培养男孩自立自强，成为勇敢出色的男子汉。穷养中的磨砺会成为蕴藏在男孩内心深处的取之不尽的资本，让他受益终生。正如心理学家威廉·詹姆士所说："播下一个行动，收获一种习惯；播下一种习惯，收获一种性格；播下一种性格，收获一种命运。"穷养的男孩，将来步入社会后更容易适应环境、承受逆境，具备独立支配自我的能力。父母望子成龙不能等，从小就要穷养男孩，为儿子将来有出息打下基础。当然，穷养男孩并不单纯指让男孩在物质上、金钱上克勤克俭，更是指磨炼着养男孩、锻炼着养男孩。

本书结合男孩的特点个性以及成长规律，从不同角度出发，为男孩的父母提供了一套成功教子方案，使男孩的父母们掌握教育的正确方向和科学方法，真正教到点子上，是每一位望子成龙的父母的必读书。本书深刻分析了男孩与女孩的不同之处、男孩天性中的优缺点，以及父亲和母亲在养育男孩过程中所应起到的不同作用，统揽男孩成长过程中的教育问题及解决办法，全面介绍男孩的身体、心理、情绪、性格、天赋、学习、潜能等各个方面的培养，如怎样穷养出有上进心的男孩，如何锻造男子汉特性，如何激发男孩的潜能，如何引导男孩爱上学习等，指导父母教出有素质、有能力、有眼光、有魄力的卓越男孩。书中综合介绍了国际著名教育家老卡尔·威特、蒙台梭利、多湖辉等的教育理念，最有助于发展男孩天性的教育方法，以及透视男孩成长所应掌握的心理学，如攻击性心理、杜根定律、投射心理等，有效解决了最令男孩父母头疼的难题，如如何说男孩才会听、如何避免男孩成为"娘娘腔"、男孩如何安全度过青春期、怎样令男孩学会应对挫折等。静心阅读，用心思索，掌握了这些穷养男孩的细节，你就会发现，想要养育出一个出类拔萃的男孩并不是多么困难的事情！

目　录

第八章　该放手时就放手(续)
——聪明的父母懂得给男孩自立的机会

第九章　教男孩做一个顶天立地的男子汉
——培养男孩子的家庭责任感

第十章　受"穷"是富——财富时代父母必知的"穷"养智慧

第十一章 心智和身体共同成长——男孩应打理好自己的情绪

细节 46　孩子的潜力是无穷的

近几年，我们经常可以听到这样的声音：美国孩子是在无忧无虑中长大的。美国孩子小的时候功课很少，回家也主要是以玩为主。到了该上大学的时候，也不必像中国孩子那样必须走高考这座独木桥，美国孩子要想上大学只需凭学校的成绩、老师的推荐以及社会活动的表现，就可以顺利地申请到大学。至于是否录取，那完全凭学校对人才的需要。孩子不用为了上大学而担心，因为即便是这所大学不录取，另一所大学也能录取。

美国孩子的成长似乎看上去是顺利通达的，但事实上，美国父母在如何让孩子尽早具有独立性和智力潜质的开发方面独具匠心，下了很大的工夫。在美国无论走到哪里，都可以看到蹒跚学步的孩子，如果跌倒了，父母一般不会去跑上前主动扶起孩子，而是在旁边鼓励，让孩子自己爬起来。父母在一点一滴的小节中训练孩子靠自己的能力获得哪怕是如此小的成功，也能让孩子对自身树立信心。

一个孩子，他究竟有多少能力还没有被开发出来，作为家长估计都是心中没数。孩子对于成人而言，永远都是个谜。也许是因为他还小，纵然心中有无数奇妙的想法或是什么好的实施方案，也没有办法表达出来，甚至是他自己也没有意识到这一点！作为家长，我们应该经常有针对性地对孩子进行一些测试和观察，看他对不同的环境有着什么样的不同反应，才会明白他究竟在哪些方面有天赋可以供我们开发。

曾经有一个妈妈说，她和邻居站在院子里聊天，而就在这时她的儿子却拿起了粉笔头在地上画出了一个萝卜。这位妈妈当时就看呆了，她觉得自己的孩子在绘画方面有天赋，就毅然决定带孩子去学习画画。

但是也有的家长不知道自己孩子的长项在那里，总是想当然地培养男孩，效果也注定不会很理想。有位妈妈特别想让自己的儿子学习弹电子琴，可是特长班的老师婉言拒绝，因为这个孩子的手指不是很长，并不适合弹琴。但是这位母亲不死心，她觉得音乐是高雅的，所以执意要让孩子学习，最后反而把孩子弄得很痛苦。

最后要说的是，教育孩子一定要以孩子为中心，如果我们形成了一套关于孩子的成见，教育就不再是以孩子为中心，而是以家长为中心了。那些越是觉得自己了解孩子的家长，因为他们低估了孩子的真实水平，反而会更容易作出错误的判断。

每一个人都是天才，都具有一定的天赋。如果在小的时候能够被别人发现并培育，那么这个人就会取得非凡的成绩。相反，这个人就会默默无闻地度过一生，虽然他本身并不缺乏潜能。

建议一：相信孩子，肯定男孩的能力

儿童心理学告诉我们，孩子逐渐长大，其自主意识会随之增长。两三岁的男孩，在大人帮他穿鞋时，会说"我自己穿"，喂他吃饭时会说"我自己吃"，帮他搬小凳时，他会说"我自己来"。这种时候，家长不可随意打击他们跃跃欲试的兴致，剥夺他们学习生活能力的机会，而是应当帮助他们在学会独立生活的同时，增强他们的独立意识。

父母对男孩应该表示信任，这样才可以使他们有自尊、肯自律，日后才可能真正使你放心。男孩初次做事做不好，如他洗的衣服不太干净，你可以背着他再洗一遍，但不能让他失去做事的积极性。在最初的日子里，男孩需要指导帮助。告诉他怎么样做好这些事，但千万不要一见孩子做不好，就自己代替他去完成。

做父母的必须适时调整自己对男孩的态度。当男孩外出时，最好少一分叮咛，多一分信任，让他觉得自己已长大，而担起一份责任。家中有些事情，可以询问或倾听一下男孩的意见，并对他的想法或主意给予相当的重视，使他感觉到自己在家中的地位与重要性。为了培养男孩的责任心，遇到某些事情，做父母的还可有意识地把半大的孩子推出去先抵挡一阵，自己不妨晚点再挺身而出。

闲谈时，让男孩逐步了解家庭经济和父母的工作等情况，可让他们发表意见，处理一些事情，逐步让孩子知道自己在家的重要地位，而不能总把男孩当"小孩"。随着孩子年龄的增长，要引导他们学会用自己的眼睛去打量周围的事物，用自己的头脑去思考所遇到的问题，要给他们相应的自主权，同时相应地增加孩子对家庭与社会的义务与责任。

把他当作一个有责任的人来看待，当作自主自强的人来看待。尤其是男孩子，更不愿意自己总是处于被保护的地位。再说你也不可能跟随孩子一辈子。随着孩子年岁的增长，要教会孩子自己保护自己，为防止上当受骗，从小告诉他们不要贪小便宜，不要接受别人的东西，不要跟陌生人走；让孩子懂得遇事不可慌张，不要冲动，要冷静，要理智等；教给孩子一些基本的生活经验和智慧并让他自己在生活中获得成长。

许多父母认为，家庭教育是一种生活中的随机教育。换句话说，家庭教育的"一招一式"要时时注意培养男孩适应社会生活的需要，培养他们能够独立生活的本领。这种教育思想说起来简单，但做起来却常被一些家长有意无意地忽略掉，抑或出现偏差。因此，父母要认识男孩成长的阶段性，教育的随机性要与孩子成长的发展性相结合。

男孩出生后最先开始的教育要提倡说行，反对说不。当孩子出世后，你开始尽心尽力地进行哺育，问题也开始产生了：喂饭时，男孩的小手要抓饭勺；高兴时，小手要挥，要抱住小脚丫往嘴里送；稍大些，男孩会手脚并用了，一有机会，就爬来爬去。此时大人可别说不，担心汤勺扎了嘴，责怪说"不许抓"；害怕男孩乱爬摔下床，制止他"别爬了"。

父母认为男孩"行"还是"不行"，对孩子一生的影响都很大。父母的赏识与放手，对孩子发出的是"我能行"的正面信息，使孩子慢慢建立起"行"的意识；父母过度的担心和保护，对孩子发出的是"我不行"的负面信息，使孩子真的认为自己"不行"。

有一个男孩，从小家里人都说他勇敢，他也就自觉不自觉地把自己当成勇敢的人。一个星期天，母亲带他去公园玩。公园里有一座天桥很高很高，桥板又窄又长，两边围着护网。虽然如此，走上去还像走钢丝一样，令人心惊胆战的。开始走上天桥，他很害怕，母亲鼓励他说："你行，想上去就上去吧！"在妈妈的鼓励下，孩子走上桥，自己给自己打气，心里想着"我不怕，一定能行"，一步一步地试，终于勇敢地走了过去！那种惊险的感觉让孩子觉得自己真行。

这就是相信孩子能行产生的力量。每个孩子都有很多潜能，潜能的发挥与成人对他们的赏识分不开，投以欣赏的眼光，孩子就会创造出奇迹。

在日常生活中，应给予男孩以足够的自由与民主，让他们充分运用各种感官，自己观察、自己思考、自己想办法、自己做决定、自己动手操作。总之，自己的事情自己干，这对于培养男孩良好的非智力因素很有好处。因为在孩子"我自己来"的过程中，不仅培养了孩子解决问题的能力，对于开发孩子的智力有好处，而且使男孩养成了独立自主的习惯，避免了孩子的依赖性。然而，一些家长认识不到男孩的这种"我自己来"的精神的作用，总是担心孩子"累着"，担心孩子吃苦，因此处处包办代替，哪怕是穿衣脱鞋也处处代办，这样是不利于孩子健康成长的。

建议二：妈妈帮助男孩打破对成功的畏惧

没有父母不希望自己的儿子优秀并杰出，而相对于不断变幻的环境，要想一直保持优秀，男孩就得一直奋力奔跑，不停止追逐的脚步。事实是，男孩对成功往往充满畏惧，生出"约拿情结"。

约拿是《圣经》中的人物。据说上帝要约拿到尼尼微城去传话，这本是一种难得的使命和很高的荣誉，也是约拿平素所向往的，可一旦理想成为现实，他又感到一种畏惧，感到自己不行，想回避即将到来的使命，想推却突然降临的荣誉。这种成功面前的畏惧心理，心理学家们称之为"约拿情结"。

"约拿情结"是一种看似十分矛盾的现象。人们害怕自己不成功，这可以理解，因为人人都不愿意正视自己低能的一面；但是，人们竟然害怕自己会成功，这很难理解。但这的确是事实：人们渴望成功，又害怕成功，尤其害怕争取成功的路上要遇到的失败，害怕成功到来的瞬间所带来的心理冲击，害怕取得成功所要付出的极其艰苦的劳动，也害怕成功所带来的种种社会压力……

简单地说，"约拿情结"就是对成长的恐惧。它来源于心理动力学理论上的一个假设："人不仅害怕失败，也害怕成功。"它反映了一种"对自身伟大之处的恐惧"，是一种情绪状态，并导致我们不敢去做自己能做得很好的事，甚至逃避发掘自己的潜力。在日常生活中，"约拿情结"表现为缺乏上进心，或称"伪愚"。

美国著名心理学家马斯洛在给他的研究生上课的时候，曾向他们提出如下的问题："你们班上谁希望写出美国最伟大的小说？""谁渴望成为一位圣人？""谁将成为伟大的领导者？"根据马斯洛的观察和记录，在这种情况下，他的学生们通常的反应都是咯咯地笑，红着脸，显得非常不安。马斯洛又问："你们正在悄悄计划写一本伟大的心理学著作吗？"他们通常也都红着脸、结结巴巴地搪塞过去。马斯洛还问："你难道不打算成为心理学家吗？"有人小声地回答说："当然想啦。"马斯洛说："那么，你是想成为一位沉默寡言、谨小慎微的心理学家吗？那有什么好处？那并不是一条通向自我实现的理想途径。"

人类普遍存在"约拿情结"，即不是追求高级需求，追求卓越，追求崇高的自我实现，而是相反，逃避高级需求，逃避卓越、崇高的人类品行。他们视天真纯情为幼稚可笑，视诚实为愚蠢，视坦率为轻信，视慷慨为缺乏判断力，视工作中的热情为愚忠，视同情心为廉价和盲目。为了表现"男子"气概，英语中的 cool（冷）也因此而成了显示"有派"和"时尚"的赞美之词。在长期历史中曾显示出人类美好的、和谐的、崇高的、情感的东西竟成了当代人们不自觉的情感禁忌，无怪乎有人称人类的当代为精神病、神经症大发作的时代。

"约拿情结"的问题还在于，自己怕出名，如果别人出了名，他又会嫉妒，心里巴不得别人倒霉。这种情结会阻碍生命成长和自我实现。

大多数人内心都深藏着"约拿情结"。心理学家们分析，这是因为在小时候，由于本身条件的限制和不成熟，心中容易产生"我不行""我办不到"等消极的念头。在男孩的成长过程中，如果周围环境没有提供足够的安全感和机会供男孩成长的话，这些念头会一直伴随着男孩。尤其是当成功机会降临的时候，这些心理表现得尤为明显。因为要抓住成功的机会，就意味着要付出相当多的努力，面对许多无法预料的变化，并承担可能导致失败的风险。

毫无疑问，"约拿情结"是平衡内心压力的一种表现。每个人其实都有成功的机会，但是在面临机会的时候，只有少数人敢于打破平衡，认识并摆脱自己的"约拿情结"，勇于承担责任和压力，最终抓住并获得成功的机会。这也就是为什么总是只有少数人成功，而大多数人却平庸的重要原因。

家长要想男孩能不断上进，开创人生新局面，就必须鼓励男孩敢于打破"约拿情结"。说到底，"约拿情结"是一种内心深层次的恐惧感。这种恐惧感往往会破坏一个人的正常能力。恐惧使创新精神陷于麻木；恐惧毁灭自信，导致优柔寡断；恐惧使我们动摇，不敢开始做任何事情；恐惧还使我们怀疑和犹豫。恐惧是能力上的一个大漏洞，事实上，有许多人把他们一半以上的宝贵精力都浪费在毫无益处的恐惧和焦虑上面了。

恐惧虽然阻碍着男孩力量的发挥，但它并非不可战胜，只要家长能够积极地行动起来，帮助孩子有意识地克服恐惧心理，那它就不会构成威胁。

积极的思想和坚定的信念是治疗恐惧的天然药物，勇敢和信心能够中和恐惧，如同化学家通过在酸溶液里加一点碱，就可以破坏酸的腐蚀力一样。

所以，父母要鼓励男孩坚持自己的信念，勇敢地行动起来，让男孩忘记恐惧，克服"约拿情结"，为人生打开新局面。

细节 47　妈妈放手，儿子才能长大

很多妈妈由于对男孩太过于精心照料，使男孩往往会对母亲过度地依赖，逐渐变成了娇软的"奶油小生"。

我们不得不把矛头指向那些乐于事事代劳的妈妈，她们处处疼爱孩子，为孩子做好一切，结果换来的是男孩自理能力的下降。

一个小学一年级的男孩子，在中午吃饭时突然大哭起来。老师问他为什么哭，男孩子一边抽泣着一边说："今天的鸡蛋太硬了，没法吃。"原来，以往男孩带的鸡蛋都是妈妈事先剥好皮的，而这次来不及了，妈妈没有帮他剥皮。

东南大学的一位教师说过，一些学生考入大学、离开父母后，基本不会独立生活，不能自理自立。一位考上南京某名牌大学的高才生，入学一个月便将自己的各种证件、钱物等都丢失了，并且无法处理简单的日常生活。不得已，学校只能要求他的家长前往学校帮助其料理生活。后来这名同学还是感觉生活不适应，只好休学回家。还有的学生将自己换下来的脏衣服打成邮包寄回家，让父母去洗。一些大一、大二的学生均反映适应不了大学生活。

其实，男孩从小就有独立的愿望，两三岁的孩子常常会对母亲说："我也能干。"上了学的孩子常常希望有更多的独立做事的权利。有的时候，正是因为妈妈太能干了，把本该男孩自己独立做的事情也都一手包办了。

有一次，学校组织学生进行大扫除。有一位妈妈拿着抹布来帮助儿子做卫生。老师不禁感到纳闷，问这个妈妈："平时孩子在家做家务吗？"没有想到的是，这位妈妈毫不犹豫地回答："疼还疼不过来呢，怎么能让他做家务呢？"

男孩要经历自己独自处事才能长大成人，如果妈妈总是不给男孩机会，他又怎么能有成长的余地呢？这样被妈妈"一手包办"长大的男孩，将来肯定是懒惰与无能的，注定会给家长带来悲哀和失望。

要想把自己的男孩培养成为适应未来社会的男子汉，当妈妈的可以表现得不那么强势，给男孩提供显示本领的机会。母亲的过于能干、刚强，会让男孩失掉施展才华的天地，其能力慢慢地被弱化。

事实确实如此，如果妈妈把男孩当成一个男子汉来培养，他会慢慢变成令妈妈满意的男子汉。如果妈妈总是把男孩当作一个小孩子，即便他已经长到了十几岁甚至是二十几岁，他在心里也会永远把自己看作是一个小孩子。

有一次，我国有一位青少年教育专家到华盛顿参加完一个国会的听证会，出来在路边等车，看见一个母亲和一个 3 岁左右的小孩过马路。那个小孩不小心摔了一跤，母亲走了过去，对小孩说："汤米站起来！"小孩继续在地上要赖。母亲的声音越来越大、表情越来越严肃："站起来！"小孩立刻站起来了。母亲把小孩带到路边就开始训斥："汤米,你看看你刚才,像个男子汉吗?还说长大了要保护妈妈,你那个样子能保护我吗?做事情不能担负自己的责任,还妨碍交通。"3岁的小孩含着眼泪,被妈妈带走了。

赫胥黎说:"人在早年遭受几次挫折实际上有极大的好处。"吃得苦中苦,方为人上人。其实,男孩一生中不遇挫折是不可能的。在成长时期太顺利了未必是好事,对男孩过分保护,往往会妨碍男孩身心的正常发展,使他们变得胆怯、依赖心重、神经质,不敢做任何尝试,而且不易与人接近。为了让男孩在以后的生活中少吃苦头,在男孩成长的过程中,父母要做的是精心设计一个有益的教育环境,使男孩在成长过程中适当地吃些苦头,培养他承受挫折的勇气和能力。有了这样的准备,男孩才可能在以后少吃苦。

众多家长也明显意识到了这一点,但怜子之心让他们非常矛盾。男孩迟早都要单飞,在成长的道路上吃一些苦,绝对不是坏事。"宝剑锋从磨砺出,梅花香自苦寒来"经历过苦难的男孩,方有希望成为大器之材。我国儒家的亚圣孟子说:"故天将降大任于斯人也,必先苦其心志,劳其筋骨……"要让男孩成就辉煌的人生,就放手让生活的磨难去砥砺男孩坚强的品质和心性吧。

孟子云:"生于忧患,死于安乐。"忧患和安逸都是一种生活方式,但一个可以培育信念,一个只能播种平庸。身为教育男孩长大成人的父母,必须让男孩知道,在成长的道路上,不可能是一帆风顺的,成功往往是与艰难困苦、坎坷挫折相伴而来的。如今的男孩生活过于安逸,普遍缺乏经受磨炼的机会,因此,他们很难学会忍受挫折和失败带来的负面情感,这对他们的成长是极其不利的。

日本著名企业家松下幸之助曾经说过这样一段话:"狮子故意

把自己的小狮子推到深谷，让它从危险中挣扎求生，这个气魄太大了。虽然这种作风太严格，然而，在这种严格的考验之下，小狮子在以后的生命过程中才不会泄气。在一次又一次地跌落山涧之后，它拼命地、认真地、一步步地爬起来。它自己从深谷爬起来的时候，才会体会到'不依靠别人，凭自己的力量前进'的可贵。狮子的雄壮，便是这样养成的。"

建议一：妈妈要引导男孩独立思考

独立思考的能力是一个男孩走向成功最重要的品质，也是成功人士的必备素质。西方国家教育不赞成对孩子进行墨守成规式的灌输，而是要求家长针对孩子日常碰到的一些问题帮助他思考，启发他通过思考了解周围的复杂的世界。

毫无疑问，成大事者都是独立思考、具有创造性的人。为什么？独立思考可以引导成功：一个具有独立思考能力的人，一个具有创造性的人，也定会是个成功的人。有志成功的人，应该有着独立思考的习惯；尤其是要成大事的人，只有养成了独立思考的习惯，才能在艰辛的事业之路上独创天下。

对亨利先生而言，有一个孩子令他印象颇深，他是从中国来念书的贝贝。

亨利先生教学的特点就在于为孩子们提供一个可以独立思考的环境，他希望孩子们能够在思考一个个问题的过程中逐渐建立起独立思考的能力，进而让孩子们学会一些独特的思维方式。有一次，他为班上的同学们出了一个讨论题目：传统文化和现代文化的关系。他让 12 名学生分成正方和反方以讨论的形式开展辩论，而贝贝则抽到了传统文化的那一组。

当对方的同学陈述了一番现代文化的繁荣之后，贝贝开始滔滔不绝地讲起了他所谓的"大树理论"：传统文化是一切文明的根，而现代文化只是建立在传统文化之上的叶子，如果没有根，哪里会有叶？所以，传统文化比现代文化更重要。同学们为贝贝的理论感到惊奇，觉得贝贝说的真是太有道理了。可是正当贝贝为此而沾沾自喜的时候，亨利先生宣布让双方来一个大对调，贝贝一下又成了维护现代文化派。

这一下，对方就直接质问贝贝："你刚才不是陈述了大树理论吗？你说的根比叶子更重要，这下你要怎么解释？"没想到，贝贝立即反驳道："树叶的光合作用就是为了维持大树的生命，如果没有了树叶，树根一定会死掉。所以如果没有现代文化的发展，古代的传统文化也就不会有光泽了。"全班同学都为贝贝的诡辩连声喝彩。而亨利先生也很欣赏这位有着独特视角的中国学生。

凡是善于引发灵感，能够形成创造性认识的人，都很会用脑。一般人以为显而易见的现象，他们产生了疑问；一般人用习惯的方法解决问题，他们却有独创。他们的特点是喜欢独立思考，遇事多问几个"为什么"，多提几个"怎么办"。任何创新项目的完成，都是独立思考和钻研探索的结果，因此就不能迷信、不能盲从、不能只用习惯的方法去认识问题，或只用已有的结论去解决问题，也不能迷信专家、权威，而是要从事实出发，从需要出发，去思考问题、探索问题，去寻找新的方法、新的答案、新的结论。

要促进灵感的产生，就必须多用脑，因为人的认识能力，是在用脑的过程中得到锻炼从而不断提高的。所谓多用脑，不是指不休息地连续用脑，而是要把人脑的创新潜能充分地发挥出来。

爱因斯坦对为他写传记的作家塞利希说："我没有什么特别才能，不过喜欢寻根究底地追求问题罢了。"在这个寻根究底的过程中，最常用的方法就是独立思考。他自己深有体会地说："学习知识要善于思考、思考、再思考，我就是靠这个学习方法成为科学家的。"

"数字化教父"尼葛洛·庞蒂说："我不做具体研究工作，只是在思考。"

从这些名言中我们不难得出这样一条道理：独立思考是一个人成功的最重要、最基本的心理品质。所以，家长要帮助孩子养成独立思考的习惯，这是要成大事的人必备的条件。

要提倡独立思考，鼓励大胆联想，思想越"疯狂"越好，提出的设想越多越好。西方古谚云："世上有5％的人主动思考，5％的人自认为在思考，5％的人被迫进行思考，而其余的人一生都讨厌思考。"这在某种程度上揭示了能进行主动、独立的思考并不容易。

此外，家长要鼓励孩子在学习的过程中用发现的态度去学习，在做出了自己的独立发现后，再与书上的发现进行比较。这种方法由美国心理学家布鲁纳首创，对培养人的独立思考能力有实际的效果。它有利于人们自己发现问题，扩展知识，从而推进创造活动。

建议二：不要快速回答男孩的问题

陪孩子发现问题、探讨问题，但是应由孩子自己解答问题，因为答案是什么不重要，重要的是，让孩子练习独立思考、判断的能力，他才能享受发现事理的喜悦。

阿弟4岁时，家门口新订制了一个玻璃大鱼缸。那时午后的太阳正斜照着，阿弟开心地向着鱼缸走去，突然，阿弟指着倒映在地上的彩虹说："妈妈，你看，好亮耶！"讲得有深度一点是说："怎么会有这种现象？"妈妈也充满疑惑地问他："真的耶，好奇怪喔，它是怎么来的？"阿弟转着他的小脑袋，看着看着，然后说："是太阳公公让它变亮的！"妈妈问："为什么呢？"阿弟说："对呀！太阳公公照到水里面，水再照到地上呀！"虽然阿弟不懂反射的原理，但是他已经在思考、观察并且推理，无形中已经启动了大脑的运作，为他日后培养对抽象事物的学习和观察能力做了很好的准备。

上文中的故事对你有什么启发呢？每次你的孩子向你提问题时，你都是怎样应对的？孩子若问得多了，你有没有不耐烦的表现？你经常鼓励孩子提问，启发他思考吗？

在日常生活中常常看到这样的现象：有的孩子上小学时，在班上成绩很好，但是，上初中和高中后成绩下降，这种例子屡见不鲜。反之，有的孩子小学成绩不太好，进中学后成绩斐然的亦随处可见。尤其是在男孩子中，更为常见。

这是为什么呢？一些孩子成绩下降了的父母更是为此事迷惑不解。"乖乖的一个孩子，怎么突然赶不上进度了？"这其中的奥妙，或者说，事情发生的主要原因，是小学功课比较容易，只要顺从父母"好好用功"，孩子就能获得好成绩。初高中课程难度逐渐加大，需要个人思考的成分日益增多，这时是孩子本人的意志，而不是父母的意志，父母便无法再左右孩子成绩的好坏了。这是因为单纯的死记硬背已不能解决学习中的一切问题，学科的功课越来越多地要求孩子们独立思考。因而孩子对所学的课程不感兴趣，不肯动脑筋，就会学不懂、学不精，更不要谈做作业了。反之，如果孩子对新鲜事物能抱有强烈的兴趣、强烈的求知欲和好奇心，就会去自寻答案。

面对这些无休止的发问，父母应不失时机地帮助他们找到比较满意的答案。培养孩子爱问的习惯，家长要有意识地鼓励孩子多思多问。当孩子向我们提出问题时，应尽量让孩子自己思考，并不失时机地肯定、表扬孩子爱动脑筋的习惯。鼓励和表扬一方面满足了孩子的求知欲，另一方面更激发了孩子的好奇心。如果孩子提出的问题较深奥，家长自己也弄不明白，遇到这种情况，也要正确处理，而不能打击孩子爱问的积极性。正确的做法应该是，谦虚地告诉孩子："你提的问题真好，但这个问题我也不懂，等我查完书再回答你，或者你自己查书找答案，好吗？"

目前在家庭教育中，一些父母在无意中扼杀了孩子可贵的好奇心，这会直接影响到一个人创造性的形成。

保持孩子好奇心的诀窍是大人要有童心，要会换位思考。大人对孩子的好奇心不能理解，甚至不耐烦，是因为孩子问的问题，大人早就知道了，站在大人的角度，没什么可问的。正如作家桑姆·金丽所说："我们的眼睛变得只盯着追求的目标，以至于对眼前的玫瑰花也不惊奇。"因此首先要解决的问题是尊重孩子的好奇心，允许他提问。其次，不要敷衍孩子，要给孩子的提问以满意的回答，如果自己不懂，就带孩子一起去找答案。另外，家长要学会说这样一句话："我真喜欢你提问题。"有时对孩子的提问，还可以不马上提供答案，而是进一步提出一个疑问和悬念，激起他更强烈的好奇心。

细节48　穷人的孩子早当家

中国香港地区现任的特首曾荫权在中学毕业之后考上了中国香港大学，但是他家境贫穷，拿不出学费来供他上学。无奈之下，他只好放弃了去大学读书，到一家药品公司当推销员，小小年纪就尝尽了人生的苦辣。几年之后他考上了公务员，由政府送到哈佛大学深造，攻读博士学位。后来他一步一步走到了今天，有了现在的成就。

从一位推销员到成为一名行政区的特首，这中间需要多少努力才能达到？

也许，这就是"穷人的孩子早当家"的道理，为什么要这样说呢？相信答案只有一个，那就是自强。正因为家境贫穷，他们才会不断地拼搏努力，除了这一条路没有其他的路可以走，是这样的环境迫使他们学会了自强。

当然，穷的含义并不只是家庭经济这一个方面。贫困的意义很广，陷入了困境，都算是一种贫困。常言道："自古英雄出贫贱，纨绔子弟少伟男"，因为在顺境中的人容易受到迷惑，他们往往会贪图享受，不思进取，不知道苦难为何物，所以没有志向。没有进取心的人，又怎么会有成就呢？而身处逆境中的人则不同，他们饱受磨难，一次次与命运和苦难作斗争。人如果没有动力就不知道奋进，这正是处于顺境中的人所不具备的。

现在的社会，工业化、数字化、信息化的进程过快，导致现在的青少年心智成熟较缓慢。也可以说是由于经济基础决定了孩子的心智成熟缓慢。美国的专家做过这方面的研究：20 年前美国的青少年心智成熟是在 15 岁，而现在美国的青少年要到 25 岁至 30 岁心智才成熟。为什么会出现这样的倒退呢？很重要的一个原因就是工业化的进程太快，孩子的物质条件太优越，动手机会和实践能力都大大减少了。而穷人家的孩子则不是，他们的生活压力大，要做很多家务劳动和其他事物。所以"穷人的孩子早当家"一说，是有科学道理的。

家长要想让生活在富裕环境中的男孩早一些自强自立，可以鼓励孩子多经受挑战、经受磨炼，以此来促进男孩心智的发育。

建议一：对男孩一定要严而有格，严而有度

西汉宣帝时一位大官叫疏广，告老回乡后，每天让家人提供酒食，宴请亲朋乡邻。他经常问家里财产还有多少，让家人赶快拿出去卖了，用来供应酒食。这样过了一年多，家人劝说疏广买一些田地和住宅，留给子孙。疏广说："我难道老糊涂了，不想子孙的事了？我是想，我们已经有了一些田地和住宅，子孙在那里勤劳，足够供给衣食，与普通百姓差不多。现在再给他们增加什么都是多余的，有了多余的就会使子孙养成懒惰。如果是贤才，财富多了，就会损害他的志向；如果是蠢才，财富多了，就会增加他的罪过。而且，富人容易招群众的嫉恨。我既然没有什么可以用来教育子孙，也不想增加他

们的罪过而又被很多人嫉恨。"

一般人富贵了之后自然想到封妻荫子，给子孙留下一笔可观的财富。但是，我们从历史上看，很多人虽然留了很多财富，子孙都不会享受一辈子的。名门之后，还想高人一等，结果是连普通人都不如，享受少而受苦多，有出息的更少。在东南亚的华侨，有很多人发了大财，但是，传到第二代，就破产了。电脑大王王安有若干亿美元的财富，传到第二代也就破产了。所谓"富不过三代"，这是一种比较普遍的社会现象。

问题在于这些有钱人把钱的作用扩大化了，把钱看作是万能，因而忽视了孩子的教育以及独立生活能力的培养。积累财富任其消费，以为这样就是爱心的充分体现。实际上，这是危害子女的普遍做法。"坐吃山空"，即使有金山、银山也会花完的。鉴于古人的教训，我们应该如何为子孙后代计划呢？

> 我们应该给孩子留些什么？林则徐做出最好的回答："子孙若如我，要钱干什么，贤而多财，则损其志；子孙不如我，留钱干什么，愚而多财，益增其过。"
>
> 曾国藩写信给儿子说："银钱田产最易长骄气逸气，我家断不可积钱，断不可买田，尔兄弟努力读书，绝不怕没有饭吃。"

为人父母者假若不下苦心培养子女的一技之长，在当今乃至今后"凭本事吃饭"竞争日趋白热化的社会里，你孩子的那个饭碗如何能端得牢靠？你纵然财大气粗富甲一方，给你的孩子留下一座金山，也架不住不肖子孙坐吃山空、挥霍一尽。

养尊处优并不是父母送给孩子的最好礼物，恰恰可能埋下祸根。倒是那些从小就挣扎在社会最底层的人们，没有别的出路，没有任何指靠，只有以死相争，常常可以出人头地建功立业。理性的家长用金钱为孩子健康成长提供基本条件，而不是让孩子在挥霍金钱中消磨意志，自毁前程。

建议二：穷是锻炼人格的资本

俗话说："吃得苦中苦，方为人上人。"其实，众多家长也明显意识到了这一点，但怜子之心让他们非常矛盾。男孩迟早都要离开父母的怀抱独自生活，在成长的道路上吃一些苦，绝对不是坏事。所以，父母应该懂得适时放手。

所谓"放手"，即从孩子生下来，父母就设法给他们创造自我锻炼的机会和条件，就像狮子妈妈为了训练小狮子的自强自立，母狮子故意将它推到深谷，使其在困境中挣扎求生一样。在残酷的现实面前，小狮子挣扎着一步一步从深谷之中走了出来。它领悟了"不依靠别人，只能凭借自己的力量前进"的真谛，它逐渐成熟，于是成为动物中的领导者。现在的社会，竞争是残酷的，如果没有早早地锻炼出男孩自强不息的拼搏精神，日后他们拿什么来立足于社会，得到幸福的生活呢？

看到这里，父母们也不用着急，那该如何来培养男孩呢？其实你只要注意以下几个方面就可以了：

1. 不要给男孩太多的呵护

不要给男孩太多的呵护，学会做一个"懒父母"。家长对男孩的事情，不可以事必躬亲。比如为了锻炼男孩的自理能力，让男孩自己上学，自己洗衣服，自己打扫房间；自己的朋友来家里，就让他们自己招待；家长不在家的时候，让他们自己做饭。父母给予男孩最大的爱，就是让他们早日脱离父母温暖的怀抱，学会自力更生。毕竟，你不可能一辈子都在男孩的身边照顾他。

2. 不要把男孩放在自己的手掌心里

男孩看到地上的树叶很漂亮，想捡起来。父母一看不得了，赶紧把男孩抱走，生怕地上有什么脏东西。男孩看到其他小朋友爬树很好玩，就跃跃欲试，父母知道后，把男孩叫回去批评一顿："谁让你去爬树的？你知道那有多危险吗？"男孩想自己去学校，父母又说："路上那么多车，撞到了怎么办？"过度的限制，让男孩少了很多童年必要的成长经历。"要想知道梨子的滋味儿，必须亲自尝一尝"，所以让男孩自己去感受吧。就算吃苦，对他们的成长来讲也未必是件坏事。

3. 教男孩学会自主处理事情

让男孩自己学着去生活，说起来容易做起来难，这就要求父母给予男孩必要的配合。比如，男孩想和同学去野炊，征求你的意见，你就可以让男孩自己决定去还是不去。选择的权利交给了男孩，他感觉到了父母的尊重，自然会慎重行事，不让父母为他担心，同时也锻炼了他自己思考处理问题的能力。

细节 49　自立的男孩方可驾驭人生

　　有一个美国小男孩，父母在生活上对他要求很严，平时很少给他零花钱。8 岁的时候，有一天他想去看电影，身上却无分文。是向爸妈要钱还是自己挣钱？他第一次开始思考这样的问题。最后，他选择了后者。他自己调制了一种汽水，把它放在街边，向过路的行人出售。可那时正是冬天，没有人购买，最后只等到两个顾客——他的爸爸和妈妈。

　　他依旧不停地寻找机会。一天吃早饭时，父亲让他去取报纸——送报员总是把报纸从花园篱笆中一个特制的管子里塞进来。想看报纸时必须到房子的入口处去取，需要走二三十步路，是非常麻烦的事情。当他为父亲取回报纸的时候，一个主意诞生了，当天他就挨个按响邻居的门铃，对他们说，每个月只需付给他 1 美元，他就每天早晨把报纸塞到他们的房门下面。大多数人都同意了，这个小男孩很快就有了 70 多个顾客，成了一个名副其实的小报童。一个月后，他第一次赚到了一大笔钱，那时候，他觉得简直是飞上了天。

　　但他并没有满足现状。经过一段时间的思考，他决定让他的顾客每天把垃圾袋放在门前，然后由他早晨送报时顺便运到垃圾桶里——每个月另加 1 美元。他的客户们很赞赏这个点子，于是他的月收入增加了一倍。后来他还为别人喂宠物、看房子、给植物浇水，他的月收入随之直线上升。

一年后，他开始学习使用父亲的电脑。他学着写广告，而且开始把小孩子能够挣钱的方法全部写下来。因为他不断有新的主意，有了新主意就马上实施，所以很快他就有了丰厚的积蓄。他母亲帮他记账，好让他知道什么时候该向谁收钱。后来，他雇佣别的孩子帮忙，然后把收入的一半付给他们。

一个出版商注意到了他，并说服他写了一本书，书名叫《儿童挣钱的250个主意》。因此，他在12岁时，就成了一名畅销书作家。后来电视台邀请他参加许多儿童谈话节目，他在电视里表现得非常自然，受到许多观众的喜爱。到15岁的时候，他有了自己的谈话节目。

17岁时，他已经成了百万富翁。

脱离对别人的依赖，独立发展和锻炼自己，扔掉拐杖，不是一件非常困难的事情。自力更生和战胜自己能够教会一个人从自身力量中汲取动力。在这种动力的激发下，不仅不会变得不幸和痛苦，相反，通过吃苦耐劳、坚韧不拔的自助实干，能够唤起人们奋发向上的激情，并为之勇敢地战斗。

建议一：不要让男孩心存依赖

法兰西帝国的缔造者拿破仑很喜欢打猎，他常常独自一个人到山里寻找各种有趣的动物。他的聪明才智再加上高超的打猎技巧，基本上每次都是满载而归。

有一次，拿破仑像平常一样又外出打猎，他奔跑了整整一个上午，口干舌燥，疲惫不堪，于是就到附近一条小河边去喝水。他走到小河边的时候，刚好看到一个不小心落水的男孩正在拼命地挣扎。那个小男孩一边挣扎，一边朝拿破仑高呼救命。

拿破仑看了看这条小河，河面并不宽，也不深，孩子完全没有危险，完全可以凭自己的力量爬出来，是他自己吓坏了，以为河水会把他淹死。拿破仑心想：这是教育自己的子民成长的好时机。于是，他不但没有跳水救人，反而端起猎枪，对准水里的男孩，大声喊道："听着，孩子，你如果不自己奋力爬上来，我就把你打死在水中。"

小男孩听了又是惊又是怕，自己已经被淹个半死了，好不容易上帝派来了一个救命者，竟然要开枪打死他！可是看看那个人严肃认真的模样，男孩知道向他求救是无济于事了，反而增添了一层危险，不知道那个人什么时候会对自己开枪。

于是，惊慌害怕的男孩就一边流泪一边拼命地划动手脚，心里还在大声地哭喊："上帝啊，你给我派了一个什么样的救命人啊？"

小男孩拼命挣扎了一番后，终于游上了岸。他抽泣着问拿破仑："上帝不是派你来救我的吗？为什么你不肯向我伸出援助之手，还要向我开枪？"

拿破仑笑了："我的孩子，我没有救你，你不是也没被河水淹死吗？回头看看那条小河，它并没有你想象得那么可怕。记住，孩子，任何时候都要靠自己，不要指望别人。因为自己的能耐可以救你一生，别人的能耐却只能救你一时。"

男孩听了，懂事地点了点头。

故事里的小男孩在拿破仑的"刺激"之下，放弃了依赖别人来救他的心理，凭着自己的力量游上了岸。依赖别人，意味着放弃对自我的主宰，这样往往不能形成自己独立的人格。很多时候，这个世界能救我们的只有我们自己。过度依赖他人往往会害了自己，你才是自己的依靠和归宿。

依赖心理是青少年在日常生活中较为常见的一种心理表现，主要表现在自立、自信、自主方面发展不成熟，过分地依赖他人，经常需要他人的帮助和指导，遇事往往犹豫不决、缺乏自信，很难单独进行自己的计划或做自己的事，总是依赖他人为自己做出决策或指出方向。

依赖心理是一种消极的心理状态，会影响青少年的健康成长，不利于我们人格的完善和发展。如果你是个依赖性比较强的男孩，那么从现在起，就试着去克服一下这个弱点，帮助自己成长为一个独立的男子汉。

首先，要愉快地接纳自己。很多时候较强的依赖心理来源于对自我能力的否定。有些同学常常觉得自己这也不行，那也做不好，认为只有他人能够帮自己解决所面对的难题，久而久之就养成了事事求人的心态。其实生活中的每一个人都有优点，也都有弱点。有的人发现了自己的缺点和缺陷，就当成包袱背起来，老是压在心头，连自己的优点和长处也看不到了。于是，自己的精神优势被自身的弱点与缺陷所压垮，为自己的心灵设置了障碍。事实上，许多事情别人能做到，我们也一定能做到，关键在于学会接纳自己，合理评估个人能力，充分、准确、客观地认识自己。

同时，对生活中遇到的事情要有自己的见解。作为还未成年的我们，对大事可征求他人的意见。但必须把握一点，不能事事都依赖别人的指挥，他人的意见仅供参考，最终还是要学会自己做出决定。一旦我们在思想上变得独立起来，从对他人的依赖关系中解脱出来，自己就会有一种踏实的感觉，从而感到自信的力量，享受自主、自立给自己带来的好处，那么，依赖心理也就无立足之地了。

建议二：男孩，即使摔得头破血流，也要站起来继续走

做藤蔓或是松柏，这是我们每个人都有的选择，无论选择什么，你都需要有一种由心而发的力量，因为你的一生不可能永远选择依附于外。自立，要求我们在人生的不同阶段，尽力达到应有的水平，拥有与之相适应的精神。正如摔下马车的肯尼迪，他选择依靠自己的力量爬起来，在社交的宴会上，他尝试着自主与客人交流，从哈佛学生到美国总统，肯尼迪以个人魅力征服了美国民众。显赫的身世诚然是肯尼迪华丽的背景，但一个连自立能力都没有的人，怎能谈得上个人的发展与成功？实现梦想的路途遥远，这就需要我们有坚实的双脚独立把这条路走下去。

记得拉美国家有一句谚语："自力更生胜过上帝的手。"一个人的成长离不开长辈的培养和他人的帮助，但学会独立才是迈向成功彼岸最关键的要素。

在生活上要学会独立。男孩现在正处于读书阶段，还没有能力出去工作赚钱，但男孩最基本的独立本领就是能够自理。比如，学会洗衣服、整理房间，学会管理好自己的零花钱，自己的事情自己做，不在生活细节上过多求助于父母。

在学习上要学会独立。很多男孩并不把学习看成是自己的事，经常要父母监督着、责备着来学习。殊不知学习最重要的还是靠自己。常言道："师傅领进门，修行在个人。"父母、老师给我们指明方向，指出学习方法，他们也不可能一辈子伴随着我们走，进

一步地学习、钻研就要靠自己了。学会独立思考，积极钻研书本中的难题，自主解决学习中遇到的问题，是我们每个青少年朋友应该做到的。

人生的道路上总是曲曲折折、丰富多彩。男孩只有学会自立，拥有自己出来闯荡一番的胆量，才能攀登上这多姿世界的顶峰，看见山那边的海！

细节50 不要苛求男孩"十全十美"

每个父母都希望自己的男孩十全十美，如果因为男孩生理或其他方面的缺点而嫌弃孩子的话，不但会给孩子带来伤害，也是没有尽到父母职责的表现。

中国有一句俗话："子不嫌母丑。"反过来也一样，哪怕全天下的人都不欣赏你的孩子，做父母的也要欣赏自己的孩子、爱自己的孩子、包容自己的孩子，只要父母这样做，那天下就没有不成才的孩子。

在一间产房里，一个产妇生下了一个婴儿，等产妇清醒过来时，她向医生要求抱抱孩子。医生沉痛地看着她："夫人，我们希望你能挺住，虽然这难以令人接受。""他死了？"产妇吃惊地问。"不，但是孩子有缺陷，他的发育不完全，他没有下肢！"产妇愣了一下，然后坚决地说："把他抱过来！"医生小心翼翼地把孩子抱给了她，几乎不忍看她的表情。"天啊！他多漂亮啊！我一定要把他教育成最优秀的孩子！"产妇惊喜地叫了起来。时间一年年过去了，那个孩子坐在轮椅上打球、演讲，上了重点大学、出书……他果然成了一个优秀的青年，他的名字叫乙武洋匡。

你有没有说过诸如"你怎么这么笨""当初就不该生下你"之类很伤孩子心的话？如果在气头上你说出这样的话，那么在之后你是否向孩子解释并说明你对他的爱？

父母们请记住，不论是头脑还是容貌方面的缺点，都不应成为你责骂男孩的理由。最可悲的是这样一种母亲：刀子嘴，豆腐心。她们深爱自己的孩子，对孩子生活上关心备至。男孩在外面如果受了顽皮孩子的欺侮，她们会心疼得说不出话来，总要去讨一个公道；孩子受伤生病时，她们会不眠不休地照顾孩子。但是当孩子不读书或不听话时，她们却一点包容之心也没有了，好像要骂了才痛快。她们时常骂些过头话："怎么会有你这么笨的孩子？什么功课也不会做。你真是蠢死了！这样蠢，还不如死了好！"骂过，自己气消了，对孩子又爱护如前。但是她却不知道，也从未认识到她这种刀子嘴对孩子心灵的伤害有多大！

建议一：妈妈们不要拿男孩和其他的孩子比

时下，"中国妈妈"在美国学生的口中俨然已经成为了一个特定语，这令不少的华裔学生感到很烦恼。在美国学生的眼中，"中国妈妈"特别喜欢和别人攀比：人家的孩子去学钢琴，自己的孩子也一定要学钢琴；人家的孩子考上了哈佛，自己的孩子也一定要朝着这个目标努力才行，等等。

总之，在对孩子的教育上，"中国妈妈"永远是以别人为标杆，然后让子女去达成妈妈心中的梦想。一些华裔的高中生与母亲产生矛盾，原因很简单，为什么妈妈总是和别人比这比那的？别人是别人，我是我，为什么我不能按照自己的情况来设计人生呢？

家长总是习惯给男孩树立个榜样，这样的家教模式在目前相当普遍。其实这是家长一种盲目的心态，一般来讲家长会有些不正确的认知。

第一，不了解男孩的发展动力。在男孩的成长过程中，作用于男孩心理的有外驱力和内驱力两种，外驱力来自环境，内驱力来自男孩内心深处的需求。孩子在成长的过程中固然有自己的价值观和追求目标，然而外在的压力剥夺了孩子自身的能动性，使男孩无法为自己的人生做主。

第二，家长往往忽略了男孩成长过程中的个性因素。每个人都是独立的个体，和其他的人没有什么太多的可比性。

第三，家长一定不会意识到的就是，不同的家庭教养方式一定会培养出不同的男孩。

父母喜欢给男孩树立榜样这种错误的教育方法极容易使男孩产生挫败感，不利于培养孩子的自信心。没有一个男孩愿意承认自己比别人差，他们希望能得到成人的肯定，他们对自己的认识也往往来自于成人的评价，而这种肯定式的评价对男孩自信心的培养亦是尤为重要的。父母总是强调男孩比别人差会使男孩在潜意识中自我否定，当男孩遇到困难就会恐慌、退缩，父母不正确的做法会对孩子的心理造成伤害。

也许是因为很多父母望子成龙的心太过迫切，他们似乎容忍不了男孩暂时的落后与普通的成绩，往往把自己急躁的心情压迫在孩子身上，但是这样的做法常常会适得其反。父母应该感觉到自己的孩子永远是最好的、最优秀的。学会多想想孩子的优点，感谢孩子给你的生活带来了幸福和快乐，不要总是想着孩子这也不好那也不好，如果总是抱怨，对男孩而言、对家长而言，生活又有什么乐趣呢？调整好自己的心态，少责骂批评孩子，多给予他们一些赏识与鼓励，他们才会有信心继续向前走，最终获得精彩的人生。

有一位专家曾经谈到过这样一个奇怪的现象：

有一次，几十个中国孩子与外国孩子一起进行某项测验，并且把自己的分数拿回家给父母看，结果中国的父母看了孩子的成绩之后，有80％表示"不满意"；而外国父母则有80％表示"很满意"。而实际是什么呢？实际上，外国孩子的成绩还不如中国孩子的成绩好。后来这位专家说，中国的父母总是习惯用挑剔的眼光来看待孩子，并且也用一样的眼光来看待周围的世界，而外国的父母则习惯用欣赏的眼光看待自己、孩子和世界。

家长要学会欣赏自己的男孩，不要总是拿自家的孩子与别人比较，孩子之间是无法比较的。每个男孩都是自然界最伟大的奇迹，以前既没有像他们一样的人，以后也不会有。由此，我们要让男孩保持自己的本色！不论好坏，你都要鼓励男孩在生命的交响乐中演奏属于自己的乐章。

"做你自己！"这是美国作曲家欧文·柏林给后期的作曲家乔治·格希文的忠告。

柏林与格希文第一次会面时，已经是声誉卓越，而当时的格希文却只是个默默无名的年轻作曲家。柏林很欣赏格希文的才华，说自己愿意以格希文所能赚的三倍薪水请他做音乐秘书。可是柏林也劝告格希文："不要接受这份工作，如果你接受了，最多只能成为个欧文·柏林第二。要是你能坚持下去，有一天，你会成为第一流的格希文。"格希文接受了忠告，并渐渐成为当代极有贡献的美国作曲家。

故事的寓意再明白不过，每一个人都无权去轻视自己，自信是天赋的使命。当男孩陷入自卑和悲观之中时，家长一定要鼓励孩子坚信自己的价值，活出自己最佳的状态。保持本色是自信的源泉，帮助男孩认识生命的价值，也是帮助男孩建立充分的自信。

建议二：告诉男孩他非常棒

当一个男孩相信自己可以成为天才，他就会有更高的自我期望、更远大的理想和更充足的自信心，即便他不会像自己预想的那样成为天才，也一定可以在处理任何事情时彻底发挥自己的潜能。家长如果教育孩子的方法得当，即便再普通的孩子也会变得不平凡。

美国的罗杰·罗尔斯是纽约第53任州长，也是纽约历史上第一位黑人州长。他出生在纽约声名狼藉的大沙漠贫民窟，这里环境肮脏，充满暴力，是偷渡者和流浪汉的聚集地。在这儿出生的孩子从小耳濡目染逃学、打架、偷窃甚至吸毒等社会现象，长大后很少有人会获得较体面的职业。然而，罗杰·罗尔斯是个例外，他不仅考入了大学，而且成了州长。

在就职的记者招待会上，到会的记者提了一个共同的话题：是什么把你推向州长宝座的？面对300多名记者，罗尔斯对自己的奋斗史只字未提，他仅说了一个非常陌生的名字——皮尔·保罗。后来人们才知道，皮尔·保罗是他小学的一位校长。

1961年，皮尔·保罗被聘为诺必塔小学的董事兼校长。当时正值美国嬉皮士流行的时代，他走进诺必塔小学的时候，发现这儿的穷孩子比海明威等"迷惘的一代"还要无所事事，他们不与老师合作，他们旷课、斗殴，甚至砸烂教室的黑板。皮尔·保罗想了很多办法来引导他们，可是没有一个是有效的。后来他发现这些孩子都很迷信，于是在他上课的时候就多了一项内容——给学生看手相。他用这个办法来鼓励学生。

当罗尔斯从窗台上跳下，伸着小手走近讲台时，皮尔·保罗说："我一看你修长的小拇指就知道，将来你是纽约州的州长。"当时，罗尔斯大吃一惊，因为长这么大，只有他奶奶使他振奋过一次，说他可以成为五吨重的小船船长。这一次皮尔·保罗先生竟说他可以成为纽约州的州长，着实出乎他的预料。他记下了这句话，并且相信了它。从那天起，"纽约州州长"就像一面旗帜，罗尔斯的衣服不再沾满泥土，说话时也不再夹杂污言秽语。他开始挺直腰杆走路，表现出从未有过的自信。在以后的40多年间，他没有一天不按州长的身份要求自己。51岁那年，他真的成了州长。

美国著名的教育专家老卡尔·威特曾经说过"每个孩子都是天才"。在卡尔·威特的儿子降生之前，他就坚信：对于孩子的培养，教育方法至关重要。只要教育方法正确，普通孩子也会成为不平凡的人。

心理学研究表明，在0～4岁的儿童中间，弱智儿童仅占到1.07％，而超常儿童则在0.03％以上。也就是说，98％的孩子都不存在智力问题，而是爱学不爱学、会学不会学的问题。从这个角度来看，就可以得出每个孩子都是天才的结论。无论是父母还是孩子自身，我们都必须改变对天才的看法，也只有这样，我们才能真正培养出天才。

正因为如此，父母在培养男孩的过程中应该注意的是，一定要坚信自己的孩子是最优秀的，承认孩子的优点，对他的未来充满信心，给他积极的暗示。如果自己的孩子与别人的孩子在某一方面相比成绩平平，甚至远远不如别人的孩子，即便在这个时候，我们也要坚信自己的男孩在另外一些方面一定有他的过人之处，只是现在还没有表现的机会而已。作为家长，我们可以仔细观察孩子闪光的一面，肯定男孩身上的优点。

任何成功孩子的家长都有一个共同的特点，那就是恰到好处地夸奖孩子。恰到好处的夸奖是指父母的夸奖不仅能够起到良好的激励作用，还能够起到警示的作用。小卡尔·威特在《卡尔·威特的教育》一书中认为家长教育孩子最重要的方法是鼓励孩子去相信自己，只有当孩子对自己充满了信心，父母才能够培养出优秀的人才。而孩子对于自己的信心来源于父母有效的夸奖，这种有效的夸奖就是恰到好处的夸奖，是能够给孩子带来自信但又不至于造成自傲的夸奖。

细节51 告诉男孩永远做独立的自己

他13岁时，被父亲送到美国加州读书，父亲希望他与同在美国读书的哥哥有个照应。但他到了美国后不但与兄长很少来往，还故意不用父亲在银行为他存的生活费，而是自己打工赚钱。他在麦当劳卖过汉堡，在高尔夫球场做过球童。由于当球童要背高尔夫球棒，他的肩膀被弄伤了，直至现在，伤患还会时常发作。尽管他在美国生活拮据，却还用自己赚来的辛苦钱资助经济更困难的同学。这令大洋彼岸的父亲感到欣慰。

他毕业后，没有直接回到父亲创办的公司，而是固执地前往加拿大一家投资顾问公司工作，成为该公司最年轻的执行董事。他还一声不响地把当年父亲为他在银行账户里存的所有钱连同利息还给了父亲。1990年他在父亲的苦劝下，勉强答应留在香港为父亲打理家族产业。

1994年，一直不安于在父亲庇护下生活的他做出了一个大胆的决定：凭借出售卫星电视积累下的4亿美元，他成立了一家高科技公司。自此，他正式与家族事业分道扬镳。后来他承认，当年他选择独立门户时，父亲曾极力挽留他，但被他拒绝。他誓言自己要在事业上超过父亲。

他就是美国《财富》杂志"全球青年富豪榜"名列第

十的香港电讯盈科拓展集团主席李泽楷，而他的父亲则是华人首富李嘉诚。"不靠别人，永远做独立的自己！"李泽楷在接受采访时这样说，"没有这个信条，就没有今天的电讯盈科。"

父母的双臂是我们温暖的避风港，但是，我们不可能在这避风港里待一辈子，自己的路还得自己走。所以我们一定要学会独立，用我们自己的能力去开拓一片新的天地，在奋斗中成就自己的价值。只有这样，我们才能自豪地对别人说：我是靠我自己在生活！

自立是成就一番事业的基础。伟大的人物都是走过了荒沙大漠才登上了光辉的高峰，每一个企业家在成功之前都会遇到许多超乎常人想象的困难。如果男孩想闯荡出一片自己的天地，就要有一颗独立强大的心，做好承担风险和责任的准备。

男孩只有自强自立起来，不依靠他人的援助，才可踏上成功之路。如果你现在依然蜷缩在温室的角落里，依靠他人的力量来生活，不如勇敢地站起来，靠自己的双脚走出门外，当你抛弃保护伞、决定自立的时候，就会发挥出过去从未意识到的力量。

建议一：不管对与错，教男孩对事情做出自己的判断

人生何其短暂，从幼年直至老年，每个年龄段都有自身的特性和幸福、快乐。有的家长不顾孩子的天性和意愿，以过来人自居，越俎代庖地为男孩的一生规划好明确的路线，让男孩按照自己制定的目标和路线去努力。

其实，男孩的事情应该让他自己决定，父母只需提出参考意见，即不要让孩子一味地跟从父母的决定，应让孩子用自己的意

志取舍或选择事物，令其有自我决定的机会，并在决定事物的过程中，培养出肩负责任的自主性与积极性。另外，独立性与自律性也可从中培养。几乎没有几个父母是有意识地损伤男孩们的自信心，或损伤他们独立解决问题的能力的，但不幸的是这种无意识的伤害俯首皆是。由于这个原因家长要有意识地避免过分保护，给男孩机会，让他们独立决定自己的事情。

在培养孩子做决定的能力的时候，家长应该注意以下几个问题：

第一，不要给男孩太多的选择，如："你想穿什么颜色的毛衣?"男孩可能会提出家中没有的东西，若父母不能答应时，反而会使男孩对父母失去信任。应该问男孩："你想穿这件绿毛衣，还是那件红毛衣?"

第二，不能让男孩选择有害、不安全的事，因为男孩不知什么有危险。例如，冬天一定要穿棉衣，这没有选择余地，必须执行，但可给些其他的选择："这棉衣由爸爸给你穿，还是妈妈帮你穿?"而不能说："要不要穿棉衣?"

第三，男孩做决定时，不要给很大压力。如果男孩的决定不太合理、不恰当，大人可给些提醒。如果男孩做决定后，遇到挫折，产生了失败感，父母也要给予帮助。男孩做决定的机会不可太多，以免给他太大压力。

第四，根据男孩的愿望，运用大人的经验和知识，帮助男孩做一些决定。这是大人与小孩共同做出的决定，是帮助男孩做决定的好方式。如"要下雨了，在图书馆里避雨比操场上好些"。在判断正确与错误的选择时可说："我们已答应某某去展览馆，不遵守诺言是错误的。"应该让男孩知道做决定就是要其负责任。

让男孩知道，只要尽力而为，做出比较合适的决定就可以了，不一定要十全十美。如果强调可以随意做决定，可犯错误，男孩就会随随便便地做决定。该让他知道做决定的后果，从而不断学习，不断提高判断能力。如果小孩坚持穿短裤去操场玩，结果不小心磕伤了腿，你不应说，"瞧，我叫你穿裤子你不听对吗"，而应说，"你想一想，如果我们下次再来操场玩，我们怎么保护好自己呢"。随着男孩长大，经验增多，做决定的能力与技巧就会渐渐提高。

建议二：告诉男孩找到自己的专属天空

约翰·内斯出生于 1932 年。他在出生的时候发过一次高烧，结果导致他患上了大脑神经系统瘫痪，这种紊乱严重影响了他的说话、行走和对肢体的控制。他长大后，人们都认为他肯定在神智上还存在着严重的缺陷和障碍，州福利院将他定为"不适于被雇用的人"。专家们说他永远都不能工作。

约翰能取得日后的成就应当感谢他的妈妈，她一直鼓励约翰做一些力所能及的事情。她一次又一次地对约翰说："你能行，你能够工作、能够独立。"

约翰受到妈妈的鼓励后，开始从事推销员的工作。他从来没有将自己看作是"残疾人"。开始时，他向福勒公司提交了一份工作申请，但该公司拒绝了他，并说，他根本无法完成该公司的业务。儿家公司都做出了同样的判断。但约翰坚持了下来，他发誓一定要找到工作，最后怀特金斯公司很不情愿地接受了他，同时也提出了一个条件：约翰必须接受没有人愿意承担的波特兰、奥根地区的业务。虽然条件非常苛刻，但毕竟是个机会，约翰欣然接受了，约翰终于坚定地在自我的道路上迈开了第一步。

1959 年，约翰第一次上门推销，反复犹豫了四次，才最终鼓起勇气按响了门铃，开门的人对约翰推销的产品并不感兴趣。接着是第二家、第三家。约翰的生活习惯让他始终把注意力放在寻求更强大的生存技巧上，所以即使顾客对产品不感兴趣，他也不会灰心丧气，而是一遍一遍地去敲开其他人的家门，直到找到对产品感兴趣的顾客。

38 年来，他的生活几乎重复着同样的路线，他一直走着自己坚定的道路。

每天早上在他工作的路上，约翰会在一个擦鞋摊前停下来，让别人帮他系一下鞋带，因为他的手非常不灵巧，要花很长时间才能系好；然后在一家宾馆门前停下来，宾馆的接待员给他扣上衬衫的扣子，帮他整理好领带，使约翰看上去更好一些。不论刮风还是下雨，约翰每天都要走 10 英里，背着沉重的样品包四处奔波，那只没用的右胳膊蜷缩在身体后面。这样过了 3 个月，约翰敲遍了这个地区的所有家门。当他做成一笔交易时，顾客会帮助他填写好订单，因为约翰的手几乎拿不住笔。

出门 14 个小时后，约翰会筋疲力尽地回到家中，此时他关节疼痛，而且偏头痛还时常折磨着他。

一年年过去了，约翰负责的地区和家门越来越多地被他打开了，他的销售额也渐渐地增加了。24 年过去了，他上百万次地敲开了一扇又一扇的门，最终他成了怀特金斯公司在西部地区销售额最高的推销员，成为了销售技巧最好的推销员。

在坚定的自我奋斗的道路上，约翰获得了巨大的成就。

1996 年夏天，怀特金斯公司在全国建立了连锁机构，现在约翰没有必要上门进行推销，说服人们来购买他的产品了。但此时，约翰成了怀特金斯公司的产品形象代表，他是公司历史上最出色的推销员，公司以约翰的形象和事迹向人们展示公司的实力。怀特金斯公司对约翰的勇气和杰出的业绩进行了表彰，他第一个得到了公司主席颁发的杰出贡献奖，后来这个奖项就只颁发给那些拥有像约翰·内斯那样杰出成就的人。

在颁奖仪式上，约翰的同事们站起来为他鼓掌，欢呼和泪水持续了5分钟。怀特金斯公司的总经理告诉他的雇员们："约翰告诉我们，一个有目标的人，只要全身心地投入到追求目标的努力中，那么生活中就没有事情是不可能做到的。"那天晚上约翰·内斯的眼中没有痛苦，只有骄傲和自豪。

约翰·内斯的故事说明这样一个道理：一个人只要相信并充分依靠自己的力量，自立自强，便没有克服不了的困难。世界上真正能拯救和帮助自己的人只有自己。人们经常持有的一个最大谬论，就是以为他们永远会从别人不断的帮助中获益，却不知一味地依赖他人只会导致懦弱。

人，必须靠自己活着，在人生的不同阶段，尽力达到理应达到的自立水平，拥有与之相适应的自立精神。这是当代人立足社会的基础，也是形成自身"生存支援系统"的基石。只有自强、自立、自尊的人才能打开成功之门。

从一出生下来，我们每个人所生活的境遇就各有不同：或身心健全，或存在缺陷；或家境富裕，或出身贫寒；或天生丽质，或容貌丑陋。人们常常用一个人自身的优势和缺陷来定义他的人生走向，也有很多人会因为天生的缺陷而怯于追求内心所渴望的生活，一辈子庸碌而遗憾地度过。殊不知每个人都有追求自己生活、实现自身价值的权利，能拯救我们的只有我们自己。

故事里的约翰·内斯因为先天生理缺陷而被定义为无法工作的人，但他通过自身的努力，坚定地走在自我奋斗的路上，最终向世人证明他不仅能够自食其力、独立工作，而且能把工作任务完成得很出色。如果他听从了当年福利院和专家的建议，那么可想而知，他的一生也许会在母亲的照料和家庭的庇护之下碌碌而为，也就无法取得今天的成就。他告诉我们，一个人只要相信并充分依靠自己的力量，自强自立，就没有克服不了的困难。

也许我们先天的力量很弱小，但这并不能成为逃避困难和放弃实现自身价值的借口。在生活中，你可能会因为一两次数学考试失误，而被老师定义为学不好数学的人；或许你一直渴望成为一个演员，却因为长得不够漂亮而不敢实现这个梦想。但看一看约翰·内斯这个曾被福利院和专家所定义的"无法工作的人"所取得的成就，你会发现你没有别人口中所说的那么差劲，梦想也没有想象中的那么遥远。每一个男孩都应该成为自己的拯救者，勇敢地走自己的路，努力实现自己的人生价值。

第九章　教男孩做一个顶天立地的男子汉

——培养男孩子的家庭责任感

细节 52　责任是命运对男孩的馈赠

那一年，李娟从北京广播学院播音系毕业。作为播音系的一名学生，能够到中央电视台工作，是最好的出路。李娟也希望到央视工作，可到那儿实习的不只她一人。

北京广播学院距离中央电视台有 20 多公里，每天早晨，李娟 5 点多准时起床，6 点多第一拨离开学校。在赶往城里上班的人群中，她是其中一个。顶着夜色最晚回去的，也是李娟。很快，台里便安排李娟录播体育新闻。

那是 4 月份的一天，风挺大。录了像，6 点多就可以走了，李娟回到学院已经晚上 8 点多了。忽然，她想起一个字：镐。那时韩国围棋奇才李昌镐还不是很有名。恰巧"镐"有两个读音，一是"gǎo"，一是"hào"。李娟想，这个字有两个读音，该怎么读？于是就请教了台里的老同志，老同志果断地说："李昌镐（gǎo），李昌镐（gǎo）！"于是李娟就念："李昌镐（gǎo）……"

回到学院，李娟还在琢磨这事儿。买饭时，跟同学说起来，同学说，应该念"hào"！李娟说，我也觉得应该念"hào"！回到宿舍翻阅了字典，可是字典里只写了地名的时候应该念"hào"，但没有注明人名的时候应该念什么。于是她还是拿不准，又给一个老师打电话，老师说：念"hào"，没错！

　　坏了，录音的时候念成"gǎo"了，怎么办？上学的时候，都把一些播音员念白字、错字的经历当笑话讲。李娟顾不上吃饭，急忙赶回电视台。赶到台里的时候，已经是晚上 9 点 50 分了。李娟直接来到三层的播音室，把录像带取出来，找到播音员，把"gǎo"改成了"hào"，但还是不放心，一直看着播完，才放心地回校。在电梯间，李娟碰到了台长，她和台长打了招呼："台长，您好。""啊，小姑娘，怎么这么晚才走？"李娟略带歉意地回答："有个字录音的时候念错了，我回来改一下。"台长说："你住哪儿啊？""住广院。""很辛苦啊。""没办法，念错了字，要改过来的。"

　　到了电视台门口，台长上了专车，李娟挤上了公共汽车。

　　最后，在中央电视台实习的五个学生中，只有李娟一人被留了下来。

　　责任心使得我们充分地完成任务，对于个人内心也是一种坚守和品格的升华。凡是具备一颗强烈责任心的人都会对所做的事情投入极大的热情，并且按时保质地完成自己的任务。在有人或无人监督的情况下都能自主独立去做事，并且主动承担责任而丝毫不逃避所犯下的错误。

建议一：告诉男孩什么是责任

　　1920 年，有个 11 岁的美国男孩踢足球时不小心打碎了邻居家的玻璃。邻居向他索赔 12.5 美元。在当时，

12.5 美元是笔不小的数目，足足可以买 125 只母鸡！

闯了大祸的男孩向父亲承认了错误，父亲让他对自己的过失负责。

男孩为难地说："我哪儿有那么多钱赔人家？"

父亲拿出 12.5 美元说："这钱可以借给你，但一年后要还我。"

从此，男孩开始了艰苦的打工生活，经过半年的努力，终于挣够了 12.5 美元这一"天文数字"，还给了父亲。

这个男孩就是日后成为美国总统的罗纳德·里根。他在回忆这件事时说，"通过自己的劳动来承担过失，使我懂得了什么叫责任"。

里根应该庆幸，庆幸自己有这样一个让自己懂得什么叫责任的父亲。里根的父亲懂得"小男子汉"应当学会对自己的行为负起责任。打碎了玻璃，就要相应赔偿，如果钱不够的话，父母可以借钱给他，但这不意味着他会得到父母一分钱的"财政补贴"，为了偿还这笔债务，里根必须要有自己的还款计划。比如，早晨为附近的邻居送牛奶、取报纸，周末为别人修剪草坪，节约自己每周的零花钱，等等。

有一次，一位外国妈妈带着自己 7 岁的儿子到中国一个朋友家做客。

女主人对外国友人的到来非常高兴，特别学习了西餐的做法。她对外国母子说："今天我做西餐给你们吃，你们尝尝中国人做的西餐味道好不好。"

7 岁的男孩听女主人要给她们做西餐，心想：中国人做西餐肯定不好吃。于是，当女主人问他吃不吃的时候，小男孩坚定地回答:"我不吃。"

等女主人把西餐端上来的时候,小男孩一眼就看到了漂亮的冰激凌。这么好看的冰激凌味道肯定很好!小男孩有点迫不及待地对妈妈说:"妈妈,我要吃冰激凌。"

女主人很高兴男孩能够喜欢自己做的冰激凌,就高兴地把冰激凌端到小男孩面前,说:"来,吃吧!"

谁知,男孩的妈妈严肃地对女主人说:"不行,我儿子说过他不吃西餐,他要为自己说过的话负责,今天他不能吃冰激凌!"

小男孩着急地哭起来:"妈妈,我就想吃冰激凌!"但是,这位妈妈根本不为所动,只是对儿子淡淡地说:"你得为自己负责。"

女主人看着,觉得男孩的妈妈也太认真了,就说:"给他吃吧,孩子总是这样的。"

男孩的妈妈严肃地对女主人说:"亲爱的,我们要培养孩子的责任心。"

结果,无论男孩怎么哭闹,妈妈就是不同意让他吃冰激凌。

孩子们做事情经常是随心所欲的,如果我们不加以引导,这种倾向就有可能让孩子变得不懂得自制。故事中那个外国妈妈的做法值得我们借鉴,不管事情大小,在孩子做出决定或者说出某句话后就必须承担责任,为自己的行为负责。

如果你的儿子从学校回家比平常晚了半小时,你会怎么做?斥责?怒骂?当然不,这些方式不仅于事无补,还会加深孩子的叛逆和反感心理。我们试想一下:如果上面故事中的外国妈妈遇到这件事她会怎么做?从她处理冰激凌这件事情来看,她会对孩子表示充分的理解,但是,她也会明确地告诉孩子:"你玩的时间自然也就少了半个小时，这个时间我们可要遵守。"

因为这个妈妈明白，只有让孩子懂得自己的行为将会产生什么后果，他才会对自己的行为负责任。

在培养男孩的责任心之前，我们还应该注意一点，那就是，男孩做事往往是凭兴趣的，要让男孩对某件事负责到底，必须清楚地告诉他做事的要求，并且与处罚联系在一起。这样，他才会明白一个人是要对自己的行为负责的道理。

日本著名的文化人类学学者高桥敷先生，在他《丑陋的日本人》一书中，曾详细记述了这样一个真实的故事：当年，高桥敷先生在秘鲁一所大学任客座教授，曾与一对来自美国的教授夫妇比邻而居。有一天，这对夫妇的小儿子不小心将足球踢到了高桥先生的家门上，一块花色玻璃被打碎了。

发生了这样的事情，高桥先生和他的夫人按照东方人的思维习惯，估计那对美国夫妇会很快登门赔礼道歉。然而，他们想错了。

那对美国夫妇在儿子闯祸之后，根本就没有出现。

第二天一大早，是那个孩子自己在出租车司机的帮助下送来了一块玻璃。小家伙彬彬有礼地说："叔叔，对不起。昨天我不留神打碎了您家的玻璃，因为商店已经关门了，所以没能及时赔偿。今天商店一开门，我就去买了这块玻璃。请您收下它，也希望您能原谅我的过失。这种事情再也不会发生了，请您相信我。"

高桥夫妇不仅原谅了他，而且喜欢上了这个懂礼貌的孩子，他们款待孩子吃了早饭，还送他一袋日本糖果。

原以为事情画上了句号。出人意料的是，当孩子拿着那袋糖果回家之后，那对美国夫妇却出面了。他们将那袋还没有开封的糖果还给了高桥夫妇，并且解释了不能接受的理由：一个孩子在闯了祸后，不应该得到奖励。

茨格拉夫人曾说："有时候，做父母的内心也会在爱与公平之间摇摆犹豫，但是不能因为男孩的借口而一味地迁就他的喜好，让他逃避责任。男孩如果没有按规定整理好他的书柜，那么面对他喜爱的电视节目，我们也只能做出很'遗憾'的决定。"

孩子年幼，一般做不出太"出格"的事，如果父母总是出面代孩子"受过"，久而久之，孩子就会觉得因为有父母"罩着"，万事都可迎刃而解，从而逐渐变得肆无忌惮、为所欲为。

中国有句古话："好汉做事好汉当。"孩子做了损害别人利益的事，让他自己向人家道歉，赔偿损失，这不仅是为了取得别人的原谅，更重要的是使孩子从小就懂得为自己的言行切实负起责任来，这对增强孩子的自律精神，以便将来独立地全面承担人生的责任，非常有好处。

要想让自己的男孩成为一个有责任心的人，就应该教育男孩要勇于为自己的过错负责。犯了错误要勇于认错，承担犯错带来的一切后果，而不是推卸责任，责怪别人。这样，男孩才能承担大任，才能在激烈的竞争中独领风骚。

建议二：男孩对自己要有责任承诺

有智慧的父母并不是为男孩安排好一切，而是教他成为世界的主人，将他培养成能够对自己负责的人。如果父母将一切都为孩子安排妥当，会使孩子失去自己组织自己生活的能力和敢作敢为的勇气，日后的独立生存能力同样值得人怀疑。

在父母的悉心照顾下，在凡事都已准备好的情况下，男孩必然会失去自己计划、安排的能力和敢作敢为的勇气。父母的包办只能让男孩的独立和责任意识薄弱，这样的孩子以后步入社会，生存能力也让人大为怀疑，所以家长要有站在一旁的态度，孩子的事情让他自己做。

美国的家庭在吃饭的时候，也注意培养孩子独立思维的能力，孩子吃饭，必须自己决定喜欢吃什么，不喜欢吃什么，或者自己是否吃饱。如果明明没有吃饱，而是因为贪玩而不再吃饭，那么过一会儿一定会挨饿，因为那是他自己的选择，他必须要自己承担后果，真正尝到了苦处，以后才不会再犯。美国的家长爱说，犯错误是一个不可缺少的学习过程，儿童教育学家对这一认识尤其重视。美国家长相信，孩子的生活是孩子自己的生活，不管是现在还是将来，孩子只能过自己独立的生活。

据介绍，美国孩子很小就与父母分开来住，单独睡一个房间。孩子到了 18 岁时，就得自己挣钱解决生计，父母并不是没有钱，而是让孩子自己挣钱早日独立。美国孩子从小就经常听到父母的口头禅"要自己照顾好自己"，让孩子自己挣钱，是让孩子知道挣钱的辛苦和不容易，以及挣钱的价值。

美国的父母从小就注意培养孩子独立生活的能力，孩子依赖父母只是源于父母的过分帮助和保护。当孩子满怀热情，想自己动手尝试时，父母的一个"不"字只会打消孩子的积极性，久而久之，孩子不再想做，也逐渐地想不到去做了。如果父母总是习惯为孩子安排好一切，这样也向孩子传达着错误的信息，给孩子造成一种不需要自己做的印象，孩子得不到机会去学习照顾自己，依赖心理也就悄然而生。

那么，父母如何让男孩摆脱对父母的依赖呢？父母要做的，除了从对男孩的照顾中把自己和男孩解放出来，还需要注意哪些呢？著名的心理学家艾里克森给父母们提出了几点建议：

第一，鼓励男孩不断地进行尝试。比如洗衣服，有的父母担心孩子洗不干净，把水洒得到处都是，于是进行干涉，这样只会让孩子产生强烈的挫败感，这对孩子独立性的培养大为不利。家长不妨告诉孩子洗衣服的步骤和注意点，这样，孩子经过几次尝试之后，自然熟能生巧。

第二，不断强化男孩的适应能力。父母可以让孩子在家中做一些力所能及的事情，比如倒垃圾、叠被子、打扫卫生、洗菜等，这样能增强孩子独立做事的能力，摆脱孩子凡事都要依靠父母的习惯。千万不要想着孩子动作太慢，就不让他做家务，否则只会养成孩子依赖的心理，也更容易让孩子丧失对家务的参与和责任感。

第三，利用榜样的作用激励男孩，对男孩摆脱依赖及促进其独立自主也能产生一些积极的效果。可以经常告诉孩子一些名人独立的故事，让他从中吸取力量。在孩子做事的时候，积极地鼓励他，也能增强孩子的自信心和独立做事的热情。

细节53　培养男孩将责任感根植于内心

　　乔治到这家钢铁公司工作还不到一个月，就发现很多炼铁的矿石并没有得到完全充分的冶炼，一些矿渣中还残留有并没有被冶炼成铁的矿石。如此下去，公司会有很大的损失。

　　于是，他找到了这项工作的负责人指出问题，但这位负责人却说："如果是技术上出现了问题，那么工程师一定会跟我说，现在还没有哪位工程师向我说明这个问题，这就说明现在没有问题。"乔治又找到了负责技术的工程师，对工程师说明了他看到的问题。工程师很自信地说他们的技术是世界上一流的技术，不会出现这样的问题。工程师并没有把他说的事情看成一个很大的问题，还暗自认为，一个刚毕业的大学生能懂什么，不过是因为想博得别人的好感而表现自己罢了。

　　但是乔治认为这是个大问题，于是拿着没有冶炼好的矿石找到公司负责技术的总工程师，他说："先生，我认为这是一块没有冶炼好的矿石，您认为呢？"

　　总工程师看了一眼，说："没错，年轻人，你说得对。哪里来的矿石？"

　　乔治说："这就是我们公司的。"

　　"怎么会，我们公司的技术是一流的，怎么可能会出现这样的问题?"总工程师很诧异。

"工程师也这么说,但事实确实如此。"乔治坚持道。

"看来确实是有问题。为什么没有人向我反映?"总工程师有些发火。

总工程师召集负责技术的工程师一齐来到车间,经过检查发现,原来是监测机器的某个零件出现了问题,才导致了冶炼的不充分。公司的总经理知道了这件事之后,不但奖励了乔治,而且还晋升乔治为负责技术监督的工程师。

总经理不无感慨地说:"我们公司并不缺少工程师,但缺少负责任的工程师,这么多工程师中没有一个人发现问题,当有人提出了问题,还不以为然。对于一个企业来讲,人才是重要的,但更重要的是真正有责任感的人才。"

对于一个企业来说,责任是管理的基石,是企业壮大的先决条件。一个企业的运作,得靠各个组织机构的成员负责任的工作态度和办事作风,把一个企业当作自己的事业来经营,而不是当其中的一位过客。责任机制是每个企业运作与发展必不可少的管理手段,一个企业要想成就百年伟业,每个员工的责任必须落实。

作为男孩,不单单是在学校里成绩优秀,就算是一个健全的人。平时,我们要利用可支配时间投身于其他的社会活动当中,在与人交往中培养社会责任感,在交际和活动中懂得更多学习以外的事情,看到责任的担当。

而在平时细小的方面,为人处世也要具备责任感,和其他社会各成员之间的关系融洽也是对这个社会负责任的表现。与他人建立良好的人际关系,而这些在将来必定是一笔不可忽视的财富。朋友是人生中关键的因素,我们要考虑为社会作贡献、创造财富、推动整个人类的发展，这不也都是责任感的表现吗？所以，不要眼高手低，而要从身边的小事做起，积累责任感和使命感。

我们每个人时时刻刻都要面对自身的责任担当，比如对自我发展的责任，对社会与社会其他成员的责任。如果说智慧和能力像金子似的弥足珍惜，那么还有一样东西就更加难能可贵了，那就是内心里担当责任的精神。充满这种责任感，才能对待任何事情都具备耐心和责任心，才能有效完美地达成目标。

建议一：比跑道更远的是肩上的责任

一个漆黑、凉爽的夜晚，来自坦桑尼亚的马拉松选手艾克瓦里吃力地跑进了墨西哥市的奥运体育场。

时间定格在了 1968 年的墨西哥奥运会的比赛现场。

艾克瓦里在比赛的中途不慎跌倒，因此他只能拖着摔伤且流血的双腿，一拐一拐地跑着。他是最后一名抵达终点的选手，直到当晚 7：30，他才一个人跑到体育场。那时比赛的优胜者们早就领了奖杯，庆祝胜利的典礼也早已结束。因此当艾克瓦里一个人孤零零地抵达体育场时，整个体育场已经没有多少人了。艾克瓦里的双腿沾满血污，绑着绷带，他努力地绕完体育场一圈，当他跑至终点的时候，看台上剩下的不到 1000 名的观众，全体起立为他鼓掌欢呼，掌声经久不息，大家都为他的所作所为感到由衷的钦佩。

众所周知，距离遥远的马拉松比赛，不要说对于一个受伤的人，就是对于一名身体状况正常的运动员来说都不一定能完成，但是艾克瓦里却在受伤的情况下坚持了下来，最终跑完了全程，完成了常人难以想象的事情。

这是为什么呢？因为，艾克瓦里深知，作为坦桑尼亚的一名运动员，他肩负着国家赋予的责任，尽管已经受伤了，也不可能拿到冠军，但因为肩上那份责任，使他坚持跑到了终点，完成了自己的使命，并找回了自己的尊严。

在体育场的一个角落，享誉国际的纪录片制作人格林斯潘远远地看着这一切。接着，在好奇心的驱使下，格林斯潘走了过去，问艾克瓦里为什么这么吃力地跑至终点，在受伤的情况下，他是完全有理由中止比赛的。

面对如此的问题，这位来自坦桑尼亚的年轻人轻声地回答说："我的祖国派我由非洲绕行了3000多公里来这里参加比赛，不是叫我在这场比赛中起跑的，而是派我来完成这场比赛的。"

是的，他肩负着国家赋予的责任来参加比赛，强烈的使命感使他不允许自己当逃兵。责任就是做好我们被赋予的任何有意义的事情。男子汉要迈向成熟、走向杰出就必须为自己所扮演的各种角色承担责任。

责任就是在路边看到一片废纸，捡起来放进垃圾桶；责任就是在公交车上，看到站着的老年人主动让出我们的座位。对于青少年来说，最大的责任就是学习，在学习习惯的养成中培养责任心。只有当我们把学习变成一种自觉的行动，当成一种责任，才能顺利、圆满地完成学习任务。

相信每个青少年都知道"国家兴亡，匹夫有责"的道理。在这个社会中，我们每个人都需要承担属于自己的责任。正因为有了责任，我们才能在人生漫长的旅途中挫而不败，坚强而又倔强地迈过每一道艰难的门槛。

人生好比一个旅程，从拥有生命的那一刻起，青少年身上就承担了生存的使命与责任，这不仅仅是为我们的生存负责，更是为其他人的生命负责。责任是流淌在一个人灵魂中的使命，而作为祖国未来的希望，能够为国家出力，效忠国家及人民，是无上光荣的使命与责任。青少年因承担责任而成熟，青少年更因承担国家赋予的责任而变得无私和崇高。

责任是男孩成长的动力，对家人、对朋友、对国家的责任都可以成为我们奋斗的动力。成功的人不仅承担责任，他们还希望承担更多的责任，以便激发更多的能力。事实上，承担的责任越多，处理事情的能力就越强。男孩的能力是用不完的，男孩也许会用完时间，但是不会用完能力，能力是越用越多的，如同智慧一样，所以不要躲避任何发挥自己能力的机会。承担责任，这样才会增加你的能力。

所有的人在本性中，都有一个自然的倾向，那就是逃避责任。但人类的进步必须通过责任的磨炼，所有有成就的男孩，都是那些有责任感的人。因此，责任来临的时候，请背负起责任，千万别逃避，要对自己负责。责任是一种富有感染力的精神，它可以在人们之间互相传递和接力下去。男孩承担起责任，并时刻保持一种高度的责任感，就能够让其他的人受到感染，树立起自己的责任感。要知道，使我们痛苦的，必使我们强大！如果男孩能用行动诠释出使命的真谛，那么，负责的灵魂就能闪耀出异常夺目的光辉。

建议二：守住自己的岗位

天已经很黑了，还下着大雪，约翰·格林少校正匆匆忙忙地往家赶。正当他经过公园的时候，一个人突然拦住了他。"对不起，打扰了先生，请问您是位军人吗？"

询问的人看起来十分焦急。约翰不知道发生了什么："当然，我是军人，我能够为您做些什么吗？"

"是这样，刚才我经过公园的时候，看到一个孩子在那里哭，我问他为什么不回家，他说，他是士兵，他在站岗，没有命令他不能离开那里。原来他和同伴在玩一种游戏，可谁知道和他一起玩的那些孩子都跑回家了。天已经很黑了，雪下得这么大。"他忧虑地说，"我对他说，你也回家吧，你的伙伴已经走光了。他说他必须得到命令才能离开，站岗是他的责任。无论我怎么劝他回去，他都不听，只好请先生您帮忙了。"

约翰在这个人的带领下来到公园，在公园里一个不显眼的地方，有一个小男孩在哭，但却站在那里一动不动。约翰走过去，敬了一个军礼，说：

"下士先生，我是少校约翰·格林，你为什么站在这里？"

"报告少校先生，我在站岗。"小孩儿停止了哭泣。

"天这么黑，雪这么大，为何不回家？"约翰问。

"报告少校先生，这是我的责任，我不能离开这里，因为我还没有得到命令。"

"那好，我是少校，我命令你回家，立刻。"约翰再次被面前这个孩子的行为所震撼。

"是，少校先生。"小孩儿高兴地说，然后还向约翰敬了一个不太标准的军礼，撒腿就跑了。

孩子跑后，约翰和这位陌生人对视了很久。最后，约翰说："他比许多大人都明白什么叫责任。"

责任是一种担当，是一种付出，是分内应做的事，是应承担应当承担的任务，完成应当完成的使命，做好应当作好的工作。

责任感是衡量一个人精神素质的重要标准。责任和自由是对应的概念，而自由只能存在于责任之中。

每个人在社会中都扮演着独特的角色，军人、医生、演员等等，无论我们从事什么职业，都需要一颗敬业尽责的心。认真对待生命中的每一天，这是责任感的体现。

坚守岗位不仅要具备岗位所需技能，还应该饱含一颗吃苦耐劳的心，坚守不同于坚持。坚守涵盖着一种期待，一种守候的高尚情结。

不论事情大小，男孩都应培养一颗爱岗敬业的心，以及认真对待工作和学习当中的每个细节，做到实事求是，认真踏实。还要具备勇于担当的责任心，做事负责，一种使命感和责任感饱含其中，不犹豫、不投机取巧。

强烈的责任心是男孩必不可少的，而且应该还具备无私忘我的情怀，和忠于职守、持之以恒的态度，并且付诸于实践行动，对学习、工作、生活充满热爱和感激。在当下喧嚣的时代里铸造男孩坚守的品质，一种对生活和工作的热爱。坚守是一种坚韧不拔的柔情，是生命中的高尚情怀。

细节54 培养男孩"勇于担当"

本杰明·富兰克林小时候很热爱钓鱼，他把大部分闲暇时间都花在了那个磨坊附近的池塘旁边。

一天，大家都站在泥塘里钓鱼，本杰明对伙伴们说："站在这里太难受了，泥浆都快淹没我的膝盖了。"别的男孩也说："就是嘛！如果能换个地方多好啊！"在泥塘附近的工地上，有许多用来建造新房地基的大石块。本杰明决定利用这些大石块，来建一个小小的码头，这样大家就再也不用泡在池塘里钓鱼了。其他的小朋友对于本杰明的这个建议连声叫好："就这样定了吧！"他们决定当晚实施他们宏伟的建设计划。

在约定的时间里，孩子们都到齐了，就开始搬运石块，遇到大而重的石块，他们就像蚂蚁那样三五成群地一起搬运。最后，他们把所有的石块汇集起来，建成了一个小小的码头。

大伙儿都很兴奋，本杰明按捺不住地喊道："伙计们，现在，让我们大喊三声来庆祝一下再回去，我们明天就可以轻轻松松地钓鱼了。""好哇！好哇！好哇！"孩子们高兴地跑回家去睡觉，期待着第二天的钓鱼乐趣。

第二天早晨，当工人们来工作时，惊奇地发现所有的石块都不翼而飞了。工头仔细打量着现场地面，发现了许多小脚印，于是他按图索骥，沿着留下的脚印，到达昨晚刚建成的小码头，他们很快就找到了失踪的石块。工头说："那些小坏蛋，他们偷石头来建了一个小码头。不过，这些小鬼还真能干。"他立即跑到地方法官那儿去报告，对于偷窃行为，法官毫不留情地下令传唤那些偷石头的家伙。幸运的是，失物的主人是位绅士，比起工头来要仁爱许多，另外孩子们在这整个事件中体现出来的气魄也让他觉得非常有趣。所以，他不再追究孩子们的任何责任。

而本杰明的父亲对此事很是愤怒。"本杰明，过来！"本杰明的父亲富兰克林先生用他那具有威慑力的声音命令道。本杰明垂头丧气地走到父亲面前，被父亲问道："本杰明，你为什么要去偷窃别人的东西？"本杰明抬起了先前低垂的头，正视着父亲的眼睛："爸爸，要是我仅仅是为了自己，我绝不会那么做。但是，我们一起搭建码头是为了小伙伴们钓鱼方便。"老富兰克林严肃地说："孩子，你的做法对公众的危害要远大于对石头拥有者的伤害。做错了事情要勇于承担和改正，而不是逃避和狡辩。人类的所有苦难，无论是个体还是公众，都来源于人们一直忽视的真理——罪恶只能产生罪恶，正当的目的只能通过正当的手段去达成。"

本杰明·富兰克林一直铭记着父亲的那次教导，从而指导他以后的人生。后来，他成了美国有史以来最杰出的政治家和外交官之一。

一个人只有真正为公众的利益担当起自己应有的责任时，他的所作所为才变得伟大而值得称颂，而不是通过不正当的手段去达成看上去正确的事情。尤其是男孩，更应该从现在担当起崇高的责任，让年轻的生命因责任而伟大，因勇于担当而大放光彩。

要想成为一名勇于担当的男孩，首先，要培养责任感，拥有一颗充满责任感的心。分清事情原委和正确与否，该做的事一定要做，不该做的事坚决不做。

男孩要学会在相互冲突的责任之间做出正确抉择。选择时应慎重考虑以下因素：哪个责任更为紧迫，更为重要；是否拥有履行责任的能力；是否还有创造性的途径或办法解决相互冲突的矛盾问题。就如本杰明和小伙伴们在偷取石头搭建小码头的时候，应该权衡一下是为大家提供钓鱼、满足一时之快重要，还是工人们建筑房屋重要。考虑一下可不可以采用其他的办法来增添钓鱼的乐趣，而非是将个人的快乐建立在他人的痛苦之上。

男孩不仅要承担责任，还要敢于对自己的行为负责，敢做敢当。当男孩做错事情的时候，不要逃避也不要狡辩，勇于承认错误，主动弥补自己的过失，在错误中吸取教训，才是每一个有所担当的男孩所应该做的。

建议一：告诉男孩责任不是强加

他一手打造了沃尔玛，这个始终航行在世界500强行列的巨轮。在"天天平价，始终如一"的宣传语中，他把这个零售业王国的领地拓展到世界的每一个角落。而他正在享受着自己多年来用心经营的成果。

他的父亲仅仅是一名贫穷的油漆工，靠着微薄的打工收入供给萨姆·沃尔顿念完高中。就在毕业那一年，他以优异的成绩被美国名校耶鲁大学录取，但是，他却因为缴纳不起昂贵的学费，面临着辍学的窘境。于是，为了缓解经济压力，成功就读耶鲁大学，在假期他开始像父亲一样从事刷墙的工作，希望这样挣够学费。他到处寻找机会，功夫不负有心人，他揽到了一栋大房子的油漆工作。主人是个很刻薄的人，不过他给的报酬非常可观，不但这一学期的学费有了着落，甚至连生活费也能够满足。

这天，整栋大房子的粉刷即将竣工。他将拆下来的橱门板，再刷一遍油漆。橱门板刷好后，晾干即可。但就在这时，门铃突然响起，他赶忙去开门，不料沃尔顿却被一把扫帚绊倒，被磕碰的扫帚又借力碰倒了这块橱门板，橱门板又正好倒在了昨天刚刚粉刷好的一面雪白的墙壁上，经过这一连串连锁反应，墙上立即出现了一道清晰可见的漆印。他立即动手把这条漆印用切刀抹去，又调了些新涂料重新补上。等墙面被风干后，他观望许久，发现新补上的涂料色调和原本墙壁上的有色差。萨姆·沃尔顿此时脑中浮现出那个挑剔的主人，为了即将到手的薪水，他觉得应该将这面墙再重新粉刷一遍，以防出现意外。

终于，他竭尽全力地重新粉刷完毕，第二天一进门，他又发现昨天新刷的墙壁与相邻的墙壁之间的颜色又出现了差别，而且越是细看越明显。他决定将所有的墙壁再次重新粉刷。

最后，那个苛刻的主人对他的工作相当满意，支付给了他酬劳。这些钱原本够大学费用，但是由于重新粉刷，除去涂料费用，就已经所剩无几了。

这家主人的女儿对于事情的原委了如指掌，便将整个粉刷墙壁的工作告诉了她的父亲。她父亲得知此事后非常感动，在女儿的一再要求下，挑剔的主人终于同意赞助萨姆·沃尔顿上大学。大学毕业后，这个年轻人不但娶了屋主的女儿，而且还就职于这个人所拥有的公司，一举两得。十多年以后，萨姆·沃尔顿成为这家公司的董事长，一手打造了沃尔玛超市的全球商业典范。

取得成功的人，他们往往将自己的责任感付诸于自己从事的每一件事情中去，无论大小，不分贵贱，行为与责任保持一致，时刻用"责任"来指导自己的行为。当你真正具备这种观念的时候，你才能对每一件小事都全力以赴，从而对自己的生活充满热情。在你付出责任的同时，也会得到相应的回报。

也许有人会觉得萨姆·沃尔顿做事死板，何必辛苦地来回折腾。诚然，他的做法在有些人眼里是愚蠢的，但正是这种负责任的表现，才导致萨姆·沃尔顿后来的成功。假如他当时只是为了赚钱，稀里糊涂地把屋子随意粉刷，那么，他或许只能赚到粉刷的酬劳，就不会有屋子主人后来资助他上学、把他引进到自己的公司、把女儿嫁给他的事。一件小事，可以窥探到一个人的认真负责程度，而认真负责应该是一个人所应具备的优质品格。

做事认真，追求完美，是一个人成功成才所必须具备的素质。通往成功之路的最好方法就是把任何事情做得精益求精、尽善尽美。有许多同学往往不肯把事情做得尽善尽美，学习和办事时常常用"足够了""差不多了"来搪塞了事，这种马马虎虎的态度会为以后的人生带来许多后患。

不论什么时候，一个把任何事情做得完善无缺的人，总是受人欢迎的。所以我们应该从小树立起这种意识：非把事情处理得至善至美不可。对于任何事，你都要倾注全部精力去做。在学习当中，认真研究好每一道题，看懂每一页书；在生活当中，对任何事情都采取认真负责的态度，不疏忽大意。这不仅可以使你的才能迅速进步，学识日渐充实，而且可以逐步胜任其他更重大的任务，解决更多的难题。做事精益求精是对自己负责，也是对他人负责。当一个人把事情处理得顺顺当当、无牵无挂时，他心里的愉快真非笔墨所能形容。

事情不分大小，但都应使出全部精力，做得完美无缺，否则还不如不做。一个人如能从小养成这样的好习惯，会对性格、品行、自尊心都产生积极的影响。要记住，只有付出全部精力，对事情采取认真负责的态度，精益求精、尽善尽美，你才能超越他人，创造出具有宝贵价值的东西。

建议二：告诉男孩他是别人所依靠的大树

有个人，他往回看了看自己的一生，毫无作为并且贫穷至极。一天夜里，他觉得活下去实在没有任何意义，况且自己也没勇气活下去，于是就来到一处悬崖边，准备以跳崖的方式结束自己的生命。

面对即将到来的死亡，他号啕大哭，站在悬崖回忆此生自己遭受的种种磨难，悲痛万分。

悬崖边的岩石上生长着一株低矮的树，听到此人的悲惨境遇和种种挫折经历，也不由自主地流下了同情的眼泪。

这个人发现树在落泪不止，就好奇地问："看你流泪，难道你也和我一样有类似的不幸吗？"

岩石上的树解释："我可能是这世界上命运最苦的树了。你看看我的位置，生在这块岩石的夹缝之中，食无土壤，渴无水源，终年营养缺失；生存环境恶劣，空间的束缚使得我的身躯不得舒展成长，形貌丑陋至极；根基的扎土浅薄，轻微的风力都能使我摇摇欲坠，寒风袭来令我枝干僵冷。看似我坚强无比，其实我是生不如死呀。"

此人不禁心生同情之心，倍感与老树同病相怜，说："既然如此，为何还要苟且偷生于世间，不如随我一同赴死吧，离开这个残忍的世界！"

树说："我死倒是极其容易，但是不能死，我若亡，悬崖边再无其他树木。"此人疑惑。树接着解释说："你看，我头上有个鸟巢，此巢为两只喜鹊的家，它们一直以来栖息生活在这里，繁衍后代，滋养生息。假如我要是自杀，就这么一走了之，两只喜鹊不就无家可归，流离失所？"

此人听了老树的一番话，忽有所觉悟，就从悬崖边缓缓退了回去。

在这个世界上，万事万物都处于联系之中。我们不仅是一个单独的个体，也在他人的生命中充当着一定的角色，占有着或重或轻的位置。在你觉得自己丧失价值、一事无成的时候，回头看一看，也许你对他人来讲有着重要的价值和意义。为了这份价值，你要为自己的生命和生活负责，这也是对他人的一份责任。

拥有生命是一种偶然，失去生命是一种必然。在生命的偶然和必然之间，其长度、宽度和深度只能由各人自己决定。其中如何才能对自己的生命负责，是每个人都应该思考的一个重大人生问题。

人生有很多责任，你要对很多东西负责。作为一个家庭的成员，子女要对父母负责任，父母要对子女负责任；作为社会的成员，每个人都要对社会负责任。但最根本的责任是一个人要对自己的人生负责任。我们想想看，一个人只有一次人生，如果我们的生命消失了，没有任何人能够代替自己再活一次，如果我们的一生虚度了，没有任何人能真正安慰你，到那个时候说什么都没有用了。我们对自己人生的责任，没有任何人能替自己分担。所以，每个人都应该对自己的人生有最严肃的责任心。

对自己的生命负责，实际上是一个人在世界上其他一切责任心的根源。如果一个人对自己的人生不负责，得过且过，那么这样的人怎么可能对别的事情认真呢？相反，如果你对自己的人生有强烈的责任心，那么，你对你该做什么事、不该做什么事一定会有严肃的考虑，对于你认为应该做的事情，你就一定会负起责任。

所以希望大家珍惜生命，珍惜家人，珍惜爱人，珍惜身边的人。生命不只是你自己的生命，它属于爱你和你爱的人，同样也属于我们的社会和全人类。所以为了善良的爱我们的人们，为了我们的社会，我们负起这最基本的责任吧。

细节55 让男孩为自己的过失埋单

李小姐是刚刚参加工作的应届毕业生，所就职的公司离住所较远。每天清晨7时，公司的专车会准时等候在一个地点接送员工上班。

清晨，天气寒冷，她关闭了提醒起床的烦人闹钟，又赖了一会儿床，试图尽可能地多睡一会儿，拖延一些时光，用来怀念以前不必为生计奔波的寒假生活。那个清晨，她比平时起床晚了5分钟，可就是这微不足道的5分钟，让她付出了沉痛的代价。当她慌张地狂奔到公司专车等候地点时，已经7点过5分，班车已经开走。站在空荡荡的马路边，她不知该如何是好，一种无助的挫败感席卷心头。

就在她懊悔沮丧的时候，事情好像有了转机，她突然看到一辆蓝色轿车停在不远处的大楼前。她回忆起曾有同事说那是上司的车，于是她窃喜地想真是天无绝人之路，她向那车走去，在犹豫片刻后，打开车门静静地坐在后座，并为自己的聪明而得意。开车的是一位慈祥温和的老司机，他从后视镜里凝视她许久，转头对她说："你不应该坐这车。"话音未落，上司拿着公文包飞快地上了车，待他在前面习惯的位置上坐定后，她才告诉她的上司说："班车开走了，我想搭您的车子。"话语里充满着随意，她以为这是一件很自然的事情。

上司一愣，果断决绝地说："不行，你没有资格坐这车。"然后用无可辩驳的语气命令："请你下去！"她一下子有些不知所措，那一刻，她意识里充满了迟到之后的严重后果，而且这份工作来之不易。于是，一向聪明伶俐但缺乏社会经验的她变得从来没有过的软弱，她祈求上司："我会迟到的。""迟到是你自己的事。"上司冷淡的语气没有一丝一毫的回旋余地。

随后，她又把求助的目标转向老司机，可是司机依旧面向前方保持沉默。委屈的泪水在她的眼眶里打转，然后，她在绝望之余还对抗着他俩人性冷漠的偏执。他们在车上僵持了一会儿。最后，他的上司竟然打开车门扬长而去。吃惊的她看着有些年迈的上司拿着公文包离车而去，他在凛冽的寒风中拦下了一辆出租车，离开了她的视线，这时泪水终于如决堤的大坝顺着脸颊喷涌而出。

老司机轻叹一口气，说："他就是这样一个苛刻的人。时间长了，你就会了解他的，他其实也是为你好。"之后，老司机给她讲述了自己的故事。那是公司创业阶段，他也迟到过，"那天他一分钟也没有等我，也不听我解释。自此之后，我再也没迟到过。"她默不作声地铭记了老司机的一番话，悄悄地拭去泪水，下了车，转而乘坐出租车去公司。那天她踏进公司大门的时候，上班的钟点正好敲响。

从这一天开始，她长大了。

故事中的女主角为自己的迟到找借口，转移后果，试图用自己的小心思来化解这次危机，却被严厉的上司狠狠地上了一课。做人要对自己负责，不要总指望他人为你的过失买单。当危机发生时，要坦然接受并勇于承担后果，这样你才能成熟并坚强起来。

任何人都可能犯错误。上至领导，下至普通百姓，因为人总有失误或者思想松懈之时。但我们应如何对待错误呢？很多人简单地说，错了就改呗。对，错了是要改，但知错就改的关键是我们是不是真正能够把更改错误付诸于实践。

在生活、工作和学习中，我们不可避免地会出现这样那样的失误，犯这样或那样的错误，既然事情如此，那我们就应该坦然地面对，去承担相应的后果，勇于担当自己应有的责任。在现实生活中，我们往往会害怕因为自己承担错误而丢掉面子。面子是最不该要的东西，错就是错了，勇于总结错误的根源，设身处地、切实有效地补救和更改才是根本之所在。

男孩只有从生活中总结教训，能够面对任何突如其来的问题，并且妥善解决，才会加速成长。

建议一：告诉男孩对社会负责就是对自己负责

作为一名普通的消防战士，他是千万人民子弟兵中的普通一员。他虽不是硝烟战场上的英雄，在这个没有战争的和平年代，他在抗震抢险的战斗中，悄无声息地诠释了人间大爱的内涵；他那为了请求再次救援的一跪，彰显了人类内心深处人性的光辉。他，就是荆利杰，一个让人肃然起敬的年轻人。

2008年5月12日下午14时28分，四川汶川、北川，8级强震猝然袭来。四川绵竹的武都小学教学楼受到强震的影响，坍塌大半，当时不少正在上课的师生被埋在废墟下面，情况危急。

下午15时10分许，绵竹市消防大队的官兵紧急前往武都小学实施救援。刚入伍半年的荆利杰也在队伍之中。

武都小学教学楼外围站着许多惊魂未定的老师和群众，他们焦急地等待，哭声刺痛了官兵的心。情急之下，指导员陈军动员群众、老师加入救援行列，在特勤器材到来之前，只能和官兵们一起徒手救援，在乱石堆中，搬开坍塌的石块。

余震不断发生，钢筋和楼板危机四伏，摇摇欲坠，残存的墙体还时不时往下掉碎石，救援人员对个人安危全然不顾。

到了5月13日上午，救援工作仍在持续着。上午10时许，就在抢救最关键的时刻，教学楼的废墟在突如其来的余震和吊车的操作中发生了巨大的晃动，楼板和墙体已经经不住这样的震动了。随时有二次坍塌的可能性。为了全员官兵的生命，消防指挥部立即下令：所有人员必须暂时撤出，等余震过去后再伺机进入。如果在余震不断的情况下，再次进入废墟救援或者不远离救援现场，结果不敢想象。

然而，就在撤退命令下达之后，几个刚从废墟出来的战士大叫又发现了孩子。

几个战士听见后，没有丝毫犹豫转头又要往里钻。这时坍塌正在发生，一块巨大的混凝土摇摇欲坠。想去救人的战士被战友们死死地拽住，两帮人在废墟上拉扯。最终，想去救人的战士被拖到了安全地带。

这时，荆利杰做出了一个惊人举动，跪倒在地，哭着大喊道："我知道很危险，但求求你们，让我再去救一个吧！我还能再救一个！"

所有人都为荆利杰的壮举流泪了。一个士兵的哭泣，诠释了"出生入死"这四个字，此时听来，竟是如此惊心动魄。

看到这个情形所有人无计可施，所有人都落下了眼泪，只能眼睁睁地看着废墟第二次坍塌。荆利杰的跪地哭喊和他的那句话，反映了当代军人肩负的重大责任和崇高信仰。

作为军人，肩负着保卫家园和民众的重大使命，这种责任在穿上威严军装的那一刻就已经落在他们的肩上了，这种责任是自始至终深植于内心的。在最危险、最紧要的关头，他们总能英勇地出现在最需要他们的位置上。在危难当中，冲在最前面的、不顾个人安危的，总是人民子弟兵。

作为公民，社会责任让我们有一定的承担，一个人真正为公众利益着想，并且勇于担当起自己力所能及应尽的责任时，他的所作所为才变得异常伟大而大放光彩，令人称赞。

青少年作为国家的栋梁，关乎未来和希望，更应该从自身担当起崇高而不显浮华的责任，这是一个人有生以来最重要的使命之一。

在我们生活的世界中，每个角色的背后都承担着一份相应的责任。作为子女，孝敬父母，赡养老人，是我们的责任；作为学生，遵守学校纪律、完成当前的学习任务，是我们的责任；作为朋友，相互帮助，共同进步，是我们义不容辞的责任；对于陌生人，虽然萍水相逢，伸出援助之手是美德；作为普通公民，热爱祖国也是一种责任感；作为社会成员，应该维护正义、保护身边环境、和睦相处。

人人都意识到自己扮演角色所应尽的责任，并勇于承担责任，履行义务。责任决定品质，从一个人的责任心的轻重，完全可以看出这个人的内在品格来。责任心是青少年做人、成人的基础，只有勇于承担起自己的责任，我们才能扮演好成功的角色，垒筑好生命的平台。

建议二：告诉男孩细心负责是成功的关键

1998 年 4 月，海尔集团在全公司范围内掀起了向员工魏小娥学习的活动，学习她"认真处理每一个问题的精神"。

海尔公司当年为了发展公司的整体卫浴设施的生产，在 1997 年 8 月，33 岁的魏小娥被派往日本学习世界上最先进的整体卫浴的生产技术。在此期间，魏小娥发现，日本人试模期废品率大多都保持在 30％～60％，设备调试正常后，废品率竟然降到 2％。

魏小娥问日本的技术人员："为什么不把合格率提高到 100％？"日本技术人员认为这是不可能的。当时，魏小娥就意识到，不是日本人能力不行，而是思想上就放弃了那 2％。作为一名有使命感的海尔员工，魏小娥对自己要求的严格标准就是 100％，她没有浪费在日本的一分一秒，3 个月后学成归国，带着日本人先进的技术知识和赶超日本人的信念重返海尔，并且为自己制定了"要么不干，要干就干到最好"信念。

时隔半年，日本模具专家宫川先生来华访问，见到了当时还是"学徒"此时已是卫浴分厂的厂长的魏小娥，面对着一尘不染的生产车间、操作熟练的员工和 100％合格的产品，他震惊了，连忙向她讨教其中的奥秘。

宫川先生问："你们是怎样做到现场清洁的？100％的合格率对于我们来说是不可能的，2％的废品率、5％的不良品率就已经合乎我们的标准，你们又是怎样把产品合格率提高到新的高度？"

"用心。"魏小娥简单的回答让宫川先生思绪万千。诚然，"用心"看似简单，实则不然。

在这里有一个关于魏小娥的故事。在一次试模的前一天，魏小娥在原料中发现了一根头发。这势必会增加废品率。魏小娥马上给操作工统一制作了白衣、白帽，并要求大家统一剪短发。又一个可能出现2％的废品率被消灭在萌芽之中。

2％的责任得到了100％的落实，2％的可能被一一杜绝。终于，100％，这个被日本人认为是"不可能"的产品合格率，被魏小娥落实了，这个100％的标准存在于试模期间和设备调试正常后。

所谓"认真"，就是用你的生命热度，用你全身心的真实情感投入，用你整个灵魂最激情的热度，去持之以恒坚持不懈地完成一件事，这是一种自始至终的态度。毛泽东说过："无论做什么事，怕就怕在'认真'二字。"认真，说起来容易，做起来难。我们在处理任何一件事情，不论大小、不论难易，都要求我们全力以赴地认真去做，这样才能够面对各种问题，化难为易，迎刃而解。

把握生活中的细节，就要求我们留心观察周围的事物，在平时多思考、多方位想问题的解决办法。我们要善于发现生活中一些别人容易忽略的风景，体味别人未曾关注的生活细节，这是一种注重细节的生活态度。

我们会对事物有深刻的理解和认识，会对生活感悟和思考，也会培养追求细节的态度。比如我们都知道馒头是面做的，面是由农民从庄稼地里收获的小麦磨研而成的。倘若你看了农民播种、施肥、锄草、浇水、收割等等一系列过程，那么你一定知道了那小小馒头的来之不易，你才更珍惜眼前的粮食。唐朝诗人孟郊在即将辞别母亲远游他乡的前夜，正是注意了母亲为他缝衣服时的细节，才写下了千古名句——"慈母手中线，游子身上衣，临行密密缝，意恐迟迟归，谁言寸草心，报得三春晖。"所以只有珍惜生活，热爱生活，你才能把握生活的细微之处。

细节 56　告诉男孩人人都会犯错

俗话说，人无完人，生活中没有人把每件事情都做得完美。男孩天性好动，犯错误更是常事。家长要让孩子明白，谁都会犯错误，犯错误本身并不可怕，可怕的是犯错后不去承担相应的责任。父母要让男孩学会说"对不起"，这其实就是教育孩子要勇于承担自己的责任。一个做错了事而不敢去承担的人，就是一个没有责任感、没有价值感的孩子，他无法找到自己的生命在社会中的地位与重要性，也找不到前进的方向，就失去了创造成就的动力，最终将一事无成。这样的孩子是可悲的，这样的家长也是失败的。

有的家长认为男孩做错事时道不道歉并不重要，只要下次注意就可以了。更有的家长明明发现男孩做了错事，不但不指导孩子改正，还教孩子如何隐瞒。当错误产生时，家长对孩子姑息放任，其实就是变相地提示孩子，自己的错误可以不用承担。

每个人都不是天生就具有责任感的，都是在适宜的条件和环境下萌发的，并随着年龄的增长和心智的逐渐成熟而形成的。因此说，家庭是男孩责任感赖以滋长的土壤，家长对待男孩的态度以及教育方法，是孩子的责任感能否形成的重要条件。

为了教育好自己的男孩，家长需要注意以下几点：

第一，告诉男孩，犯错要勇于承担。谁都可能犯错，但并不是谁都能勇于为自己的错误承担责任。家长可以这样教孩子，孩子吃饭的时候打翻了自己的碗，要向妈妈说对不起；不小心踩到了小朋友的脚，也要马上道歉，说我不是故意的。

第二，家长要给男孩做最好的表率。家长错怪男孩的时候，也要勇于向他们道歉。比如你发现自己晾在阳台的衣服不翼而飞了，你以为是孩子淘气藏了起来，便不听孩子的解释把他教训了一顿，当你发现衣服其实是被风吹到了楼底下的时候，不能放不下面子就这样算了，你应该马上向他道歉，孩子便能感同身受，下次自己遇到这样的事情，才会勇于承担。以身作则，是教育孩子的最好方法。

第三，教男孩做一个和善的人。当自己受到触犯的时候，要勇于原谅别人的错误，学会换位思考，比如在餐厅吃饭，一个小朋友不小心把饮料泼在了孩子身上，这个时候可以教孩子想一想，如果你是他的话，一定已经非常内疚了，我们就不要再责怪他了。让孩子做一个大气、宽容的人，才能得到幸福和快乐。

建议一：找回责任感，孩子不再撒谎

老师打电话来说孩子一个下午没去学校，于是等孩子回来，你问他：

"下午上课怎么样啊？"

"嗯，挺好的。"

"老师都讲什么了呀？"

"哦，讲的……讲的课文。"

这个时候，你明知道孩子说谎了，但是应该怎样做才能既让孩子认识到自己的错误，又能让他以后不再撒谎呢？

诚实，不是天生的，是在后天的教育环境中养成的。英国著名的哲学家罗素说："孩子不诚实几乎总是恐惧的结果。"他们因为害怕父母的责罚而不敢承认自己的错误，或者为了达到某种目的而不得不撒谎。其中，父母对孩子的态度，是造成孩子是否诚实的一个重要因素。

有位老锁匠想把自己的技艺传给两个年轻的徒弟。但两个人中只能有一个人能得到真传，老锁匠决定对他们进行一次考试。

老锁匠准备了两个保险柜，分别放在两间房子里。老锁匠告诉这两个徒弟："你们谁打开保险柜用的时间最短，谁就是我的传人。"结果大徒弟只用了不到 5 分钟就打开了保险柜，而二徒弟则用了 10 分钟。众人都以为大徒弟必胜无疑。老锁匠问这两个徒弟："保险柜里有什么？"大徒弟抢先说："师傅，里面放了好多钱，都是百元大票。"

师傅看了看二徒弟，二徒弟支吾了半天说："师傅，您只让我打开锁，我没注意里面有什么。"

老锁匠十分高兴，郑重宣布二徒弟为他的继承人。众人不解，老锁匠微微一笑说："不管干什么行业，都要讲一个'信'字，尤其是我们这一行，要有更高的职业道德。我收徒弟是要把他培养成一个高超的锁匠，他必须做到心中只有锁而无其他，对钱财视而不见。否则，心有私念，稍有贪心，登门入室或打开保险柜取钱易如反掌，最终只能害人害己。"

听了老锁匠的话，大徒弟的脸红了。

怎样才能让男孩成为一个诚实、不撒谎的孩子呢？

1. 不要在男孩面前说谎

要想孩子成为一个诚实的人，妈妈就应该先给孩子起到一个良好的表率作用。如果哪天你带着孩子去买东西，小贩不留神多找了你钱，你赶紧装作不知道拿着东西走了，而这一幕正好被细心的孩子注意到，那以后你要再给孩子讲应该怎样做一个诚实的人，他还会相信你吗？

2. 要鼓励男孩承认自己的错误

有时候，当孩子做错一件事情，说谎往往比说真话更能免受处罚。对于这种情况，妈妈不宜急躁，应先查明孩子说谎的原因，了解他撒谎的动机，让孩子明白，没有撒谎的必要。孩子自然不会再惧怕处罚。

3. 肯定、表扬男孩承认错误的态度

当孩子承认错误的时候，千万不要责怪他，而应该对他承认错误的态度加以肯定，让孩子体会到诚实的可贵。大多数妈妈认为：孩子主要是因为不知道撒谎的严重后果才说谎的。事实上，孩子说谎有时是因为说了真话反而受到了惩罚，所以他选择说谎来逃避惩罚。试想一下，当孩子第一次撒谎承认错误后，你不但不肯定他的勇敢，还无情地责怪他，下次再犯错的时候，你还能指望孩子对你说实话吗？

4. 对男孩的撒谎行为进行一定的处罚

适当的处罚可以让孩子知道撒谎的代价，以便以后不要再犯这样的错误。比如，孩子打碎了碗，但是却说谎了，你了解真相后可以罚孩子自己把碎片收拾干净。

建议二：妈妈不要批评认错的男孩

不管是有时间的家长，还是忙碌的家长们，都会遇到男孩有进步或者是犯错误的情况。这个时候，很多家长把身体上的痛苦与快乐当作奖惩手段支配男孩，给男孩买零食来奖励他，或者是不让他吃饭、打男孩来让他记住教训。甚至还有些家长对男孩过于严厉，动不动就惩罚，罚扫地、做家务；罚不准吃饭、不睡觉；罚不准看电视、玩游戏。男孩稍有过失，动辄训斥，甚至打骂。

赏罚有学问，简单的物质奖励和皮肉之苦都是不恰当的，当然也不会收到好的效果。粗暴惩罚的家庭教育方式还会造成男孩心理扭曲，性格冷漠，不要说跟家长沟通了，严重的会使男孩出走，交上坏朋友，走上截然相反的道路。因为男孩在家庭里得不到温暖，得不到尊重，得不到幸福，稍有诱惑，就会被坏人利用，受骗上当。

但在生活中，很多家长意识不到这一点，他们还是习惯用传统的惩罚和压制的方式去约束男孩。

其实，大凡男孩知道自己犯错的时候，内心都有一种要接受惩戒的准备，这是一种心理需求。对男孩进行适当的"惩罚教育"，是符合其心理需求的。但是，"惩罚教育"，绝不是体罚，更不是伤害，也不是心理上的虐待和歧视，而是一种高难度的教育技巧。

家长即使是惩罚男孩，也应该建立在公平和对教育对象的绝对尊重的基础之上，男孩做错了事情你可以惩罚，如果没有做错事你还去惩罚，那不是过于武断了吗？更何况对于男孩来说，他们也有自己的辨别能力，如果连你自己都无法做到公平，那么在你要求男孩做到公平时，男孩又怎么会相信你的话呢？

我们更不能够把惩罚当成家常便饭。只有到必要的时候才进行惩罚，而且一定要选择好合适的时机。因为对孩子的惩罚如果太多，孩子就会形成一种印象："惩罚其实没什么大不了的。"惩罚之后，孩子又会固态萌发，因为从频繁的惩罚中，孩子并没有明白自己接受惩罚的原因。从某种程度上说，"惩罚教育"甚至比赏识教育更尊重男孩的自信。只有有了自信，男孩才会乐于接受惩罚。对家长而言，对男孩进行"惩罚教育"时，不能对男孩施加超过其自身所能承受的过高压力，以致男孩认为不能实现而不去尝试。另外，对男孩不能有太多的"怜悯"之心，否则，"惩罚"教育容易半途而废。

在现实生活中，特别值得注意的是批评上的超限效应。所谓超限效应，是指刺激过多、过强和作用时间过久而引起内心极不耐烦或反抗的心理现象。关于超限反应有一个很有意思的小故事：

> 美国著名幽默作家马克·吐温有一次在教堂听牧师演讲。最初，他觉得牧师讲得很好，使人感动，准备捐款。过了10分钟，牧师还没讲完，他有些不耐烦了，决定只捐一些零钱。又过了10分钟，牧师还没讲完，于是他决定，一分钱也不捐。到牧师结束了冗长的演讲，开始募捐时，马克·吐温由于气愤，不仅未捐钱，还从盘子里偷了2元钱。

"上帝都会原谅男孩们犯错误"。然而有些家长遇事就唠叨个没完；男孩犯了错误时就揭男孩的老底，把男孩过去的"劣迹"统统翻出来，一一数落给男孩听；有些家长在批评男孩之后，总觉得意犹未尽，重复批评一次，接着还会批评……就这样一而再、再而三地重复同样的批评，使男孩极不耐烦，讨厌至极。男孩为什么会对这样的批评产生厌烦心理、逆反心理呢？第一次挨批评时，男孩的厌烦心理并不太大，但是第二次，往往使厌烦倍增。如果再来个第三次、第四次……那么批评的累加效应就会不断增大，厌烦心理就会以几何级数增加，演变成反抗心理，甚至达到不可收拾的地步，就像故事中的马克·吐温一样。

细节 57　父母的信任和尊重
能唤起男孩的自尊与自爱

伟大的教育家洛克说："父母越不宣扬子女的过错，则子女对自己的名誉就越看重，因而会更小心地维护别人对自己的好评。如果父母当众宣布他们的过错，使他们无地自容，他们越觉得自己的名誉已受到损坏，维护自己名誉的心思也就越淡薄。"

　　"孩子是我的，我说两句怎么了？"面对旁人善意的劝告，那位爸爸理直气壮地说。儿子一直耷拉着脑袋，一言不发。

　　爸爸的理直气壮来源于他对儿子作为私有财产的认定。

　　"又考那么低！看看这分数！"妈妈抖着试卷，像在寻求客人的同情。客人略显尴尬。"看书去！怎么还不去！连我的话都不听了！"孩子快快离去。

　　妈妈拿出了最后一张王牌。

　　"我说错了吗？他一直都这样，我看是改不了了！我也不报什么希望了！"妈妈气愤失望的表情让儿子无地自容。屋子里寂静片刻后继续喧闹，有劝慰的，有附和的，声音迭起。

　　总是一次次地揭短，让儿子难以忍受。

"没什么，小孩子，懂什么自尊啊！"嬉笑中继续攀谈。

自尊心的有无，年龄不是评判的标准，家长看似无意的言语其实已经渗透到孩子心灵深处了。

对于孩子，我们总是忘记一个事实：孩子和我们一样，也是个独立的个体，是一个和我们一样有着自尊的"人"。

实际上，你当众揭男孩的短时，他和你此刻的感受是没有区别的。而对男孩来说，受到了侮辱，对他的影响可以说是深远不可磨灭的。

首先，男孩受到了伤害，可能是久远的。任何人都会犯错，家长的不宽容让孩子日后也变得苛刻，对别人的要求也会多起来。当众揭短，男孩容易自卑，走不出家长对自己的描述和定位。或者孩子抱着"无所谓"的态度，既然已经这样了，大家也都达成共识，改了又怎么样呢？

其次，男孩认识世界的渠道发生了倾斜。在成长初期，男孩往往通过家长这个窗口来认识世界，来完成和巩固对自己的判断。家长的当众评价无形中对男孩认识世界造成了一定的错误指向，孩子会认为这个世界苛求完美，不会保护个体的尊严。在以后的生活中，孩子也极容易将此要求延续到和他人的交往中去，甚至以后自己组建家庭后，他的家教模式也会受到严重的影响。

在家庭教育中，教育者的心态和教育的出发点直接影响着教育结果，所以不要因为他是你的儿子，就蛮横地在众人面前让他的缺点一览无余。或者因为无法掩饰你愤怒的情绪，就无辜地伤害孩子。孩子的自尊心有时是透明的玻璃体，碎了就很难黏合起来，伤害也许是永远的，所以多给他一些善意的保护吧！

建议一：父母绝不能嫌弃男孩

所有的父母都会望子成龙，面对自己的孩子，父母总是容易期望过高，有时候期望男孩能像自己一样有成就，甚至希望男孩青出于蓝胜于蓝。但是孩子就是孩子，他是一个独立的个体，父母并没有权力替他决定什么！就像诗人纪伯伦说过的那样："孩子来自于你的身体，但并不属于你，你可以给他们爱，但不能塑造他们的思想。"

一句话，父母绝不能嫌弃自己的孩子。

在美国电影《师生情》里有这么一个场景：一位优秀的白人教师，在给一名长期受到种族歧视的黑人孩子上课时，耐心地说："孩子，老师相信你是天下最好的孩子，是顶天立地的男子汉！你不要紧张，仔细数数老师这只手究竟有几个手指？"

那孩子缓缓地抬起头，涨红了脸，盯着老师的 5 个手指，数了半天，终于鼓起勇气，开口说："3 个。"

面对这样的结果，这位伟大的老师没有责备，也没有沮丧，而是依然满怀热情地说："太好了，你简直太了不起了！一共就少数了两个。"

老师的鼓励像久旱的土地遇上了甘霖，孩子的眼睛一下子放光了。

这个电影片断曾深深感染了许多老师和父母，令人永生难忘。

父母的信任和尊重对于男孩的智力发展影响很大，对男孩自尊自爱的培养也非常重要。一个自以为自己不如别人的男孩，总是倾向于向人们说自己不行，而父母把孩子的一次失败或一时的弱点作为能力缺陷讲给人家听时，男孩的自责就会得到强化，并逐渐在心理上凝固成一种本非事实的事实，这会使男孩由一般的自责转变成自我失败主义心理，严重地压抑孩子的进取心和创造性。

所以，无论是有天生缺陷的男孩，还是成绩不好、不爱学习的男孩，他们本来心理就比较脆弱，父母对他们更应该耐心和细心，使他们时时受到鼓励和帮助，并且克服和战胜那些缺陷给生活和学习所带来的不利与不便。同时，作为父母，为了鼓励男孩奋斗的勇气和增强对生活的信心，还应该更加细心和热情地去发现男孩的优点，发挥其长处，培养男孩的自尊自爱。

建议二：鼓励男孩做一名合格的家庭成员

案例："懒惰"的妈妈和勤劳的儿子

儿子今年上五年级，已经是名副其实的"小当家"了。

儿子不仅能料理自己的日常生活，而且还会帮助父母做家务，最拿手的是煮饭。每次他都能把饭煮得软硬正好。他还会做一些家常菜。

从儿子上学的第一天起，我们就把当家的大权交给他，诸如关门窗、检查电器开关、洗碗筷、做晚饭之类，一概由儿子全权负责。

当儿子还在上幼儿园时，我们发现他的模仿能力和求知欲望都很强，便有意识地培养儿子的动手能力，教他一些自理的本领。每当回忆起儿子第一次当家的情景，我们总是记忆犹新，感慨颇深。

5年前，儿子开始了他的学习生涯，同时也开始了他"小鬼当家"的经历。

开学前几天，我们给他打了"预防针"，让他明白从今往后，他要自己管理自己：自己开门关门，自己做午饭，自己去上学，放学后自己回家……这一切都要他自己去完成，没有爸爸妈妈陪同。

儿子很自信，拍着胸脯许下诺言。没想到开学第一天，儿子就出了洋相：钥匙没带。中午，我接到儿子打来的电话。我安慰他，让他别着急，接着告诉他怎么做。

第一天当家，儿子就体会到了有家不能归的滋味，心里很不好受。我们完全理解儿子此时的心情，毕竟年龄还小，容易丢三落四。我们没有责怪他，而是告诉他：万事开头难，慢慢就会习惯的。于是儿子乐呵呵地继续当家。而且，家务活越干越熟练。

其实，孩子本身也并不希望事事都由家长包办，他也想"逞逞能"，在某些方面"显山露水"，好赢得家长的夸奖。作为父母应该懂得孩子的心理，要创造尽可能多的条件，营造出一种氛围，让孩子去闯荡、去磨炼。

5年来，我们从未接送过儿子，午餐都由他自己做。家里许多事情我们都很放心地交给他管理，他干得井井有条。我家的小鬼正是在许多磕磕碰碰中，学会了自我管理，成为一名当家能手。

可以这样说，儿子的自理能力如何，父母有着不可推卸的责任。有的男孩在小的时候表现出了愿意帮助家长做事，但是可能父母会出于各种考虑，不愿意让他来做，时间长了，孩子对劳动的热情也就被逐渐抹杀了，变得越来越懒，什么都不会做而且也不愿去做，反正一切都有父母代劳。所以，父母如果想让自己的男孩成为一名合格的家庭成员，就要树立他的家庭观念，让他明白他同样有义务有责任为家庭做点小贡献，这样也更有利于父母和男孩的相互信任和合作，对家长和孩子都大有益处。

家长要及时地发现男孩的长处，并给予他锻炼的机会。家长的悉心指导和大胆放手，让孩子有施展拳脚的空间。男孩遇到困难时，家长能够及时地协助孩子解决，并不忘鼓励。家长这种明智的做法会让孩子在处理一些家庭事务中得到一种成功后的快感，并激励自己去一次次获得这种快感。

第十章　受"穷"是富

——财富时代父母必知的"穷"养智慧

细节 58　不要让"富贵"毁了男孩

"富二代"一词最早出现在世人面前，是在一个访谈栏目中。该栏目对"富二代"的定义是：80 年代出生、继承上亿家产的富家子女，他们被称为富二代。

这些孩子，他们没有经历过汗与泪的拼搏，家长无偿地给予一切，导致他们从来不去想东西是从哪里来的，也不懂得珍惜眼下所得到的一切。于是随着这些孩子的成长，他们越来越多地展示了自己的无知与张狂。如今，他们仰仗着父辈的财富在同龄人中无疑很耀眼，然而以后走到了社会上，"富二代"很容易成为事业失败的同义词。明智的"富一代"父母确实要想一想如何让孩子的生活少一点富裕，让他们体会到自力更生的感觉。

美国人比中国人更早地尝到富裕的滋味，相应的，"富二代"也出现在美国。美国的一份调查报告显示：在继承 15 万美元以上财产的小孩中，有两成左右会放弃进取，多数会一事无成。他们得到的越多，反而会越不满足。"好好对待你的小孩，不要给他们太多的财富。"在美国最新的《商业周刊》中首次出现了"富裕病"这个词，指的是那些由于父母给予的太多而使小孩过度地沉湎于物质、生活失去了目标的现象。这个词是由"富裕"和"流感"两个词合成。

在美国的家族企业中，到第二代还能够存在的只有 30％，到了第三代还能存在的只有 12％，到了第四代还能够保持旺盛生命力的就只剩下 3％了。在美国的破产族中有超过七成是来自于中产阶级或是高收入的家庭。这些破产者失败的原因并不是因为他们资源太少，而是他们在成长的过程中资源的供给非常充裕，甚至是太过充裕了。

许多人都会认为得到的物质越多，人就会越满足。事实上，耶鲁大学的罗伯·连恩教授在"幸福的丧失"这一研究中就已经发现：当人的需求与供给刚好对等的时候，满足感与愉悦感是最高的。而过多的供给反而让人比物质匮乏的时候更为失落。而现在美国很多物质过剩的白金小孩中就有很多是"被满足感剥夺"的一代。哥伦比亚大学也曾经进行过相关的研究，认为富有的小孩比较容易出现物质滥用、焦虑、抑郁等问题。很多出生在富裕家庭的孩子会一生孤独，出现不同程度的精神问题甚至会做出违法乱纪的事情。

明智的父母确实要"思身后之事"，为下一代的考虑不仅仅是如何让他们的生活更舒适，而是怎样让孩子们的生活能够少一点富裕。

美国的百万富翁在 10 年的时间内增长了 400％，使得如今的美国人对财富出现了反思的浪潮。在全美国，在 320 万名百万富翁中约有 60 万人会因为担心宠坏孩子而捐出大笔的财产。他们只将其中很有限的一笔钱留给子女，可以够他们来买房子，受教育，如果还想得到其他的就要靠自己去挣。

惠普的创办人之一帕卡德在临终之前，捐出了他一生财产的 50 多亿美元，他的子女在接受媒体采访的时候表示，健康、正常的遗产捐赠有利于子女的成长、成才和社会的发展，将巨额财产捐献出去，下一代才能得到重新创业的乐趣，"乐趣不在于拥有，而在于创造。"

连续 13 年蝉联全球富人排行榜第一名的微软创办人比尔·盖茨，他的身家有 500 亿，而他只会留其中的五百分之一给自己的孩子，剩余的财富全部用来做慈善事业。

美国人的这些做法，对于富裕人口不断增加的华人社会来讲，如何给予孩子恰当的资源和金钱也是前所未有的挑战。让孩子走出优越感，教导孩子树立正确的用钱观念，做到自己对自己负责，恐怕就是最好的方法。

中国人常常说"富不过三代"，但这并非是打不破的魔咒。深入了解一些能够富好几代的家族就可以发现，他们对如何与财富相处都有非常严谨的教养。比如德国最老的投资银行梅兹乐家族富过三代的秘诀就是：不把孩子关进"金鸟笼"。他们的小孩上的是同地区最普通的学校，每天是走路或者搭公交车去上学，与所有的同学一起玩耍，一起生活，吃同样的食物。

对孩子进行正确的财富教育才是最好的良方，让孩子认同自力更生的价值观才能够使他们的一生处于不败的地位。现在的父母应该培养男孩具有三大财富能力：正确运用金钱的能力、处理物质欲望的能力、了解匮乏与金钱极限的能力。这些能力形成的背后使男孩懂得自己对自己负责，自己可以自主解决自己的问题。

建议一：每个妈妈都不希望养育出生存能力差的孩子

你是不是舍不得孩子离开你？

你是不是不放心他们干一切事情？

你是不是总觉得孩子还小，没有能力自己生活？

现在，大多数人家的男孩都是独生子。父母为"独二代"考虑的越来越多、越来越细，总想给男孩最好的东西，什么事情都是父母一手操办。父母永远担心自己的孩子，是不是吃得好，是不是穿得暖，夜里是不是盖好了被子。可是，男孩们的生存能力却越来越差，他们成了温室里的花朵，成了父母羽翼下永远长不大的雏鹰。

事实表明，越早放开拉着男孩的手，男孩就会越早地适应社会，找到自己的位置，而一直被父母放在自己羽翼下的孩子，往往变得特别脆弱，经不起一点风雨的洗礼。

我国古代有个很著名的故事正好可以说明这一点：

惠施和庄子都是魏王的好朋友。一天，魏王分别送给他俩一些大葫芦的种子，对他俩说："你们把这些种子拿去种在地里，会结出很大的葫芦。比比看，你俩究竟谁种的葫芦大，到时候我还有奖赏。"

惠施和庄子都高兴地领受了，并将其种在地里。

为了能种出比庄子更大的葫芦，惠施非常用心，而且每天都施肥、除草。庄子的葫芦就种在不远的地方，但他从不施肥、除草，只是到时候来看看，见没有什么异常，就做别的事去了。

没过多久，惠施的葫芦苗一棵一棵地相继死去，最后，一棵也没成活。而庄子的葫芦苗却长得格外好，慢慢的，都开了花、结了果，而且，正如魏王所说的那样，长出的葫芦都很大。

惠施觉得很奇怪，就跑来请教庄子："先生，为什么我那么用心地栽培，所有的苗都死光了，而您从来都不曾好好地管理它，它怎么会长得那么好呢？"

庄子笑着答道："你错了，其实我也是在用心管理的，只不过与你的方法不同罢了。"

"那你用的是什么方法呢？"

"自然之法呀！你没见我到时候也要去地里转转嘛！我是去看看葫芦苗在地里是不是快乐，如果它们都很快乐，我当然就不用去管它们啦。而你却不管它们的感受，拼命地施肥，哪有不死之理啊？"

"这么说来，是我害了它们？"

"就是啊！你的用心是好的，可是你不用自然之法，怎么可能得到自然万物的青睐呢？"

惠施恍然大悟，才知道原来是自己过分悉心的照顾害了葫芦。

看了这个故事，有的人可能会取笑惠施的愚蠢，可是我们现在大部分的父母，不正是过度保护自己葫芦的惠施吗？

数年前，美国大学的学生们被各种规章制度束缚着，一言一行都受到关注，好像他们是无力管理自己的小孩子。有些学校当局像对待小偷一样对待他们，甚至派出"校园间谍"跟踪他们，监视他们的行踪。学生们被强迫参加各种祈祷会和礼拜活动，如果哪一次活动缺席，就会被记录在案。为了应付点名，他们常常编织各种谎言，想方设法为自己的开小差找借口。总之，他们就像无力控制自己的行为，不会调理自己的生活一样，得不到学校的信任。结果就会出现这样的情况，一旦他们脱离监视和控制，就会抛掉一切约束，像脱缰的野马一样，极度放纵自己。长期的压制使他们不再珍视自由，而是把自由当成放纵自己的大好机会。

后来，在校长艾略特的领导下，当哈佛大学决定对学生充分放权，给他们自由发展的空间时，哈佛大学曾受到来自社会各界的强烈批评。当哈佛大学宣布，对参加唱诗班和做礼拜不做强制性规定时，学生家长们更是惊恐万状，害怕自己的孩子会走向堕落，直至不可救药。

但是艾略特却不这么认为。根据他的观察和研究，在严格监督管理下的学生无法形成良好的性格，也不会有一个健壮的身体。他苦心劝慰那些不安的父母，废除强制性的管理措施只是为了充分发挥孩子的全方位素质，他和同事们也是尽力这么做的。他指出：为了让学生能健康成长，必须把他们人性当中最优秀的因素激发出来，相信他们能自己管理自己，相信他们有很好的自控能力和强烈的荣誉感。在走出校门时，不但拥有一张货真价实的文凭，还拥有良好的综合素质。如果缺乏自信和创造力，就无法做到在激烈的竞争中游刃有余，从容不迫。

哈佛大学倡导的自由式教育得到了美国教育部的肯定，并在全国大力推广。今天，在美国这所最有名望的大学校园里，废除了许多陈旧的规章制度，让学生充分感受到了自由。

得到自由的学生能够很好地管理自己。事实证明，学生们反而更具独立品格，更遵守秩序，也更加健康。虽然现在哈佛大学的学生增加了几十倍，但是犯罪和被开除出院的比率，却比艾略特进行改革之前低得多。这是最好的例证。

同样的道理，如果父母要想把自己的孩子培养成为生活的强者，就应该多给他们一些自由的空间。让他们有自己的理想和愿望，有自己的思想和独立思考的权利，不要让孩子成为别人怎么想，孩子就要怎么做的盲从的产物，更不要让孩子成为代替父母实现未尽理想的工具。

建议二：警惕物质富足、精神空虚

在父母眼里，小伟是个品学兼优的好男孩，他乖巧的性格和优秀的学习成绩单让身处上市公司高级管理层的父母倍感欣慰，他们逢人便夸自己的儿子聪明懂事不要父母操心。

直到有一天，很久没去给男孩开过家长会的父母接到了老师的电话，说小伟在学校把其他同学给打成了重伤，要求他们无论如何得去学校一趟。这一去才知道，男孩在学校不但成绩奇差，经常顶撞老师、逃课不交作业，而且还爱纠集朋友打架生事，男孩在学校别说是什么品学兼优的好学生了，就连一个正常听话的学生都算不上。

知道真相后，小伟的父母顿时感觉天旋地转，一时无法接受他们引以为豪的儿子竟然是这么一副模样。

把男孩领回家后，爸爸问："为什么你每回的成绩单都是优秀？"

"那是我自己改的。"

"爸爸妈妈那么辛苦地养育你，什么时候缺过你钱花，你竟然这么欺骗我们！"

"对，你们就只知道给我钱，什么时候真正关心过我啊？"

……

"你们知道我真正需要的是什么吗？你们管过我吗？现在又来教训我了，我讨厌你们！"

......

小伟的父母愕然，半天说不出话来。

其实，生活中小伟的例子数不胜数，曾几何时，作为父母的我们，已经很久不知道自己男孩在校学习和表现的情况了？不知道男孩交了哪些朋友？不知道男孩晚上一个人在家是怎么过的？不知道男孩星期天在干什么？更不知道男孩心里在想什么？只知道给男孩提供足够的金钱，可是却不知道男孩的零花钱是怎样用出去的？

你们为了男孩整天起早贪黑地忙碌，到底给了男孩什么？钱，还是感情？想想看，下面的这些情形是不是常常发生在你们身上：

"爸爸，陪我一起玩吧。""别烦我了，没看我正忙着吗？""妈妈，给我讲个故事吧。""乖，宝贝，妈妈上班回来，辛苦一天了，你自己玩吧。"这些对话，听起来是不是很熟悉？是不是常常在我们的家庭中上演呢？

为人父母者，应该好好反思一下：你们到底给了男孩什么？一个温暖的拥抱、一个肯定的微笑、一次善意的提醒、一份无条件的理解，还是一个自动洗衣机、一个自动售货机、一个自动提款机？要知道，男孩不喜欢只能提供食物、金钱的"机械父母"，他需要关心他、爱护他、理解他的父母。所以，为人父母者，请你们不要再吝啬自己对男孩的关爱，也许仅仅是举手投足间的关爱、呵护，就能影响并改变男孩的命运。

"哟，儿子，在家呢？"

"钱用完了吗？"

刚进门的父亲只顾着低头说话，一点都没有注意男孩脸上的表情。

"钱尽管花，没有了爸爸再给。"

……

"儿子怎么不说话啊，爸爸回来拿点东西，马上就走了。"

"你们整天就知道钱钱钱，什么时候关心过我！"

"……这孩子，天天这么辛苦还不都是为了你。"

在现实生活中，大部分父母在男孩的衣食住行上都倾尽全力，为了男孩宁肯自己受委屈也无怨无悔。他们给男孩吃最好的、用最好的，生怕男孩落在同学的后面被人嘲笑。但是，家长关注的目光始终只是停留在对孩子物质上的满足，却忽视了男孩也有他的精神世界，比起各种吃的和玩的，他们更需要家长给予物质之外的关心和爱护，家长们是否注意过：你们有多久没有陪男孩去公园了；你们有多久没有陪男孩在家吃过饭了；你们有多久没有和男孩的老师联系过了；你们有多久没有听男孩说过他的理想和愿望了？

在这种情况下，男孩得到的物质越富足，他的精神也就越空虚。与此同时，很多父母对男孩满腹的爱也变了味道，变得没法和男孩沟通，越来越不了解他们，男孩对父母的感情也变得越来越淡。

其实每一个男孩都希望父母关注他，但有时却很难得到关注。所以父母们应记住，无论再忙，也要抽时间陪陪男孩，当他得到父母全身心的关注时，就算平静的几小时或许也会影响男孩的一生。

据世界卫生组织公布的一次研究成果表明，平均每天能与父母共处两个小时以上的男孩，要比其他男孩智商高。所以父母不管多忙都要抽空陪陪男孩，询问一下男孩的学习、生活情况，和他们聊聊天，以满足男孩的情感要求。

细节59　男孩的"穷养"智慧

　　为了不忘过去最困难的日子，日本一家学校给孩子们做了"忆苦饭"，结果，孩子们面对当年大人吃过的糠菜号啕大哭，拒食3天。校方毫不动摇，第4天，孩子终于咽下了这顿忆苦饭。在日本的许多孤岛或森林里，人们常常可以看见日本小学生的身影。他们在无老师带领的情况下，面对着既无水源又无淡水的可怕自然界，安营扎寨，寻觅野果，捡拾柴草，寻找水源，独立生存。一位孩子从荒岛归来后，感慨地对老师说："我以前以为我们享受的一切现代化设施都是本来就有的，荒岛的历险才使我明白，人生来两手空空，一切都是劳动创造的。过去老师讲劳动光荣，我们感到很空洞，如今才真正理解了这个词的含义。"

　　男孩们长大了早晚要离开父母去独自闯一片天地，与其让他们那时面对挫折惶惑无助，不如让他们从小摔摔打打，"穷"出应对人生的能力和本事。家长要做的就是要培养男孩这样一种适应一切压力的能力，让他变得积极进取、有主见、有雄心、理智、自我依靠，只有掌握了这一点，男孩才能掌握自己的人生，才能让他身边的人和他一起享有幸福。

　　现在的社会，对于精英人士的要求往往越来越高了，男人如果想站有一席之地，不得不面对激烈的竞争。所以，家长从小就要把男孩当成男子汉来培养，优秀的男孩应具有独立的思考能力，具有吃苦的精神，所以家长要从小培养男孩自立、坚强、进取的精神。

首先，要让男孩懂得自立。

告诉男孩，自己的事情要自己负责，在家里，男孩要自己独立打扫房间，清理自己的物品。在学习上，要养成独立思考的好习惯，这样的孩子能独立思考问题，能有主见，为以后的成功打下基础。

其次，家长可以帮助男孩设置一些生活中的障碍。

在生活中，家长可以设置一些挫折，让男孩来面对。可以鼓励男孩参加社会实践，比如卖报纸、参加夏令营等。西方很多国家的男孩在 10 岁以后就到外面打工，锻炼自己，接触社会，培养自己的吃苦精神。

再次，家长可以与男孩一起吃苦。

现在很多家长由于工作繁忙，与男孩的沟通越来越少，造成了父母与孩子之间的代沟越来越大。弥补这个缺陷的最好方法，就是家长要尽可能多和孩子在一起。父母可以与孩子一起参加晨跑，参加体育运动，这样既可以增加与男孩沟通的机会，同样也可让男孩得到锻炼。

建议一：再富也要穷孩子

李昂刚下班，儿子就贴了上来："老爸，给我买个翻盖手机吧？"

李昂有点吃惊："你的手机不是去年新买的吗？"

儿子撇嘴道："老土了吧您，现在的直板手机谁还敢拿出来啊？今年最流行翻盖能拍照的。”

李昂的儿子今年才 16 岁，穿的和用的却样样讲究名牌。若父母不满足他的要求，他就会赌气不吃饭，不上学，也不和父母说话。

这样的情景相信很多高中生家长都或多或少经历过。家长们无奈叹息之余，可能都会感慨，孩子越大越能花钱了，而且他们花钱不心疼的劲头完全可以用一掷千金来形容。

现在，许多家庭物质条件好了，又只有一个孩子，所以家长一门心思地想让孩子尽量过得舒服些，孩子要什么就给什么，口袋里零花钱不断，如今随便从一个孩子的身上掏出一百元钱，不是什么稀奇事。孩子手里钱多了，家长应该感到欣慰，因为这毕竟是人们生活水平提高的一种体现。但是孩子手里的钱多了，也令人担忧。

悉尼一家妇产科医院曾出现过这样一幕：一对夫妻来做二胎产前检查，妻子进诊室面见医生去了，丈夫便带着两岁的儿子在外面大厅等候。少顷，儿子闹着要喝水，于是那父亲便在身旁的自动售货机上顺手扯了一个免费纸杯，进厕所接了一杯自来水递到孩子手里（自来水经过净化，可以饮用）——那父亲不是买不到饮料，自动售货机正出售一元一杯的可口可乐和橙汁，而他也不是买不起饮料，据说，他是一家体育用品公司的主管，年薪 15 万澳元。

养尊处优并不是父母送给孩子的最好礼物，恰恰可能埋下祸根。倒是那些从小就挣扎在社会最底层的人们，没有别的出路，没有任何指靠，只有以死相争，常常可以出人头地地建功立业。

理性的家长用金钱为孩子健康成长提供基本条件，而不是让孩子在挥霍金钱中消磨意志，自毁前程。

建议二：告诉男孩得到需要付出

男孩经常是看到什么好吃的、好玩的东西都想要，如果家长一味地给予满足，很可能会把男孩娇惯得不成样子。家长要同时帮助男孩树立两种意识，一是让男孩有信心"不管想要什么都可以得到"，另一方面也要告诉男孩一定要努力争取才能得到。

小克莱门斯的老师玛丽是一位虔诚的基督徒，每次上课之前，她都要领着孩子们进行祈祷。有一天，玛丽老师给孩子们讲解《圣经》，当讲到"祈祷，就会获得一切"的时候，小克莱门斯忍不住站了起来，他问道："如果我祈祷上帝，他会给我想要的东西吗？""是的，孩子，只要你愿意虔诚地祈祷，你就会得到你想要的东西。"

小克莱门斯当时的梦想是得到一块很大很大的面包，因为他从来没有吃过那样诱人的面包。而他的同桌——一个金头发的小姑娘每天都会带着一块这么诱人的面包来到学校。她常常问小克莱门斯要不要尝一口，小克莱门斯每次都坚定地摇头，但他的心是痛苦的。

放学的时候，小克莱门斯对小姑娘说："明天我也会有一块大面包。"回到家后，小克莱门斯关起门，无比虔诚地祈祷，他相信上帝已经看见了自己的表情，上帝一定会被自己的诚心感动！然而，第二天起床后，当他把手伸进书包的时候，除了一本破旧的课本，什么也没有发现。他决定每天晚上坚持祈祷，一定要等到面包降临。

后来，金头发的小姑娘笑着问小克莱门斯："你的面包呢？"

小克莱门斯已经无法继续自己的祈祷了。他告诉小姑娘，上帝也许根本就没有看见自己在进行多么虔诚的祈祷，因为，每天肯定有无数的孩子都进行着这样的祈祷，而上帝只有一个，他怎么会忙得过来？小姑娘笑着说："原来祈祷的人都是为了一块面包，但一块面包用几个硬币就可以买到，人们为什么要花费这么多的时间去祈祷，而不是去赚钱买面包呢？"

小克莱门斯决定不再祈祷。他相信小姑娘所说的正是自己想要知道的——只有通过实际的工作来获得自己想要的东西。而祈祷永远只能让你停留在等待中。小克莱门斯对自己说："我不要再为一件卑微的小东西祈祷了。"他带着对生活的坚定信心走向了新的道路。

多年以后，小克莱门斯长大成人，当他用笔名马克·吐温发表作品的时候，他已经是勤奋而且多产的作家了。他再没有祈祷，因为在无数个艰难的日子中，他都记着："不要为卑微的东西祈祷！只有自己通过努力和辛勤的汗水换来的收获才是最真实的。也只有勤奋才是通向成功的必由之路。"

现在的孩子，往往是想要什么，家长多会给予满足，实际上这样的做法对男孩的成长是有害的，很容易把孩子娇惯得不成样子。父母的"有求必应"使这些孩子感到对于所有的要求都是那么容易就可以轻而易举地得到，也就无法体会到得之不易的过程，因而也就不会去珍惜，反而觉得这些都是理所应当的。如果父母告诉孩子得到一件东西是要经过努力的，或者给孩子制造一些障碍，那么孩子就会感到原来想得到什么都要付出才行，对于他们日后的学习生活就会有很大帮助。

父母是男孩最好的老师，在男孩的成长过程中有着很大的影响力。在孩子养成勤奋的品格上父母也可以发挥巨大的作用。父母的勤奋刻苦，往往会以一种无形的力量影响着孩子，使孩子在勤奋的伴随下走向成功。我们应该从小就培养男孩懂得自我约束，同时帮助他树立"想要的东西都可以通过努力得到"的信心。

细节 60 告诉男孩天下没有白来的钱

父母要让孩子明白，钱不是平白无故就可以得到的，赚钱是需要动脑筋才能够完成的事情。美国的父母在对孩子的金钱教育方面总是有一套自己的方式，他们不允许孩子在需要钱的时候只会伸手找父母要，而是要求孩子通过自己的能力去换得金钱。

美国人无疑是富有的。然而，美国人的富有与他们的勤奋和付出是分不开的。美国的总人口数为世界的 6％，但是生产力总值为世界的 30％。美国工人的生产效率在全世界排名第一。美国的白领阶层虽然富有，但是生活并不悠闲，外出休假如果不随身携带笔记本将是不可想象的事情。一般而言，美国高收入者的工作时间要多于低收入者的工作时间。

成功的美国父母一般对金钱的认识都颇有一番心得，因为他们明白赚钱是需要通过动脑筋来完成的事情。在对待下一代的金钱教育方面，美国的父母们也有着很独特的一套思路，可供中国家长们借鉴：

第一，尽量省钱不如尽量赚钱。

美国十大财团之一的摩根财团的创始人摩根当年是靠开杂货店起家的。在他发家之后，对子女的教育极其严格，比如规定孩子们每月必须通过干家务劳动来获得零花钱。

他最小的孩子托马斯因为不干活，所以经常得不到零花钱，生活非常节省。老摩根看到他这样之后就告诉他说："你用不着在钱的方面节省，而是应该想着怎样才能多干些活来多挣一些零花钱。"后来托马斯变得非常勤劳，并且想出了很多新的家务劳动项目而"广开财源"，零花钱渐渐地多了起来。

摩根意在教育孩子们，在理财中开源比节流更加重要。

第二，节省不是理财的最好方法。

美国波音公司的创始人波音对他的子女说："旧的不去，新的不来。如果你们有买东西的欲望，就有了拼命工作的动力，反而能刺激你们去创造更多的财富。"

第三，用珍惜的态度对待金钱。

美国洛克菲勒财团的约翰·洛克菲勒在 16 岁的时候决心自己创业，开始研究如何致富，但总是百思不得其解。一天他在报纸上看到了一则广告，宣称有发财的秘诀，他急匆匆地想去了解，结果发现答案便是"把你所有的钱都当作是辛苦钱"。他很感慨，并且要求子孙后代要牢牢记住，花钱的时候要有计划，精打细算。

钱如果来得比较容易就不太容易去珍惜，如果是自己辛苦赚到的钱，就会觉得很珍贵，便会懂得珍惜。

第四，引导孩子学会投资。

瑞安要求得到一台割草机作为生日礼物，结果妈妈就给他买了一台。那年的暑假，瑞安通过替人割草赚来了 400 美元。他的父亲帕特里克建议儿子用这些钱做点投资，于是瑞安决定买耐克公司的股票，并且从此对股市产生了兴趣。而父亲也感到很欣慰，毕竟这些股票不像是过完节就扔掉的玩具，从中得到的投资经验将伴随瑞安一生。

第五，积攒财富很重要。

当孩子懂得正确看待金钱的时候就会具备一些容易成功的素质：比如把钱节省下来，节制眼前的享乐，有长远的打算，懂得用钱来生钱，等等。

建议一：不妨从小教男孩理财

在竞争日趋激烈的社会环境中，金钱观和理财能力是不可忽视的基本素质。要想让男孩学会为自己的未来投资，就要对男孩的花钱行为进行一些必要的约束，从小进行理财训练，将提高男孩对社会的适应能力和竞争能力。

一位心理学家曾经对 100 名学前和小学儿童进行调查，询问他们钱是从哪里来的，结果得到三个答案：大部分孩子认为，钱是从爸爸的口袋里拿出来的，或是银行送给他们的，只有 20％的孩子说，钱是工作挣回来的。

从理财能力的角度看，处于少儿时期的男孩呈现出如下几个突出特征：一是不具备固定的收入；二是不具备成熟的金钱和经济方面的意识；三是不具备熟练的理财能力；四是具有强烈的消费要求和欲望。这几个方面的特征导致男孩在理财方面极易出现种种错误，这些错误直接影响他们的成长、发展和前途。

为自己的未来投资首先是建立在如何理财的基础上的。从小就对男孩进行理财训练，帮助孩子养成理财习惯，有更多的好处。

像学习其他东西一样，男孩学习理财也需要不断尝试和失败，才能走上成功之路。

从小进行理财训练，可以教给男孩正确的理财观念，帮助孩子减少无谓的花费，避免陷入债务危机，甚至可以避免孩子走上违法犯罪的道路。再者，孩子一旦了解了理财投资方面的知识后，便会明白世上没有免费的午餐，长大后就不会轻易受骗而相信那些少投资、多回报的骗局，从而减少被骗的机会。总之从小进行理财训练，将会使一个人终生受益。在市场经济和商品社会中，一个人的理财能力直接关系到他一生的事业成功和家庭幸福。进行理财训练，将有助于培养男孩独立生活的能力，树立正确的道德和劳动观念，让男孩知道勤奋努力与金钱之间的关系，激发男孩工作的欲望和社会责任感。

那么我们应该怎样教育男孩正确地理财呢？

要想在这充满诱惑的花花世界中学会为自己的未来投资，最好的办法就是严格按照财务计划花钱。一个有力得当的财务计划，能够使男孩清楚地认识到自己当前的财务状况，以此来把握金钱流向并做出消费决定，以达到控制金钱的目的。

让男孩坚持每天记账，这样便可知道每个月的金钱流向。按照消费记录，建立计划，决定该买物品的具体钱数，然后严格按计划执行，并要求男孩随时查看他的计划，如果他有别的需要，及早进行更正。月底评估执行计划的成果。教会男孩在计划与实际花销的对比中，积累经验教训。长期下来，你就会发现男孩改变了许多，他可以量入为出甚至游刃有余了。在计划之余，最好准备一部分钱让孩子自由支配，以便让他们学会如何在花钱时做出正确的选择。

建议二：让男孩明白理财就是让金钱为自己服务

提到金钱，有人视之为万能之药，也有人视之为万恶之源。毕业于哈佛的文学家詹姆斯说："人类的一切罪恶不是源于金钱，而是源于人们对金钱的态度。"金钱本身并没有罪过，它只是人们谋生的手段，是交易的中介，而绝不应该成为人的主宰。占据大量的金钱，不代表你一定幸福，也不能代表你活得就有价值。而真正能够让自己活得自在、安宁的方法是善用金钱，让金钱为自己的幸福铺路。

男孩们只有树立正确的金钱观，不让钱财遮住自己的眼睛，合理利用手边的金钱，才能让自己收获真正的幸福。但男孩们理财的现状却令人担忧。

据一项调查显示，上海 92.8％的青少年存在乱消费、高消费的现象，具体表现为花钱大手大脚、盲目攀比，消费呈成人化趋势；93％的学生缺乏现代城市生活经常触及的基本经济、金融常识，甚至不清楚银行信用卡的服务功能，不知道银行存款的利率，等等。类似问题在其他城市也比较突出。这反映出青少年的理财观念尚未形成、理财能力不强等诸多问题。一位专家说："理财应从 3 岁开始。"理财并非生财，它是指善用钱财，使个人的财务状况处于最佳状态，从而提高生活品质。生活中，青少年在理财方面最容易犯以下这些错误：

1. 如果手中有几百元，他们就觉得富裕了。
2. 储蓄对他们来讲并不重要。
3. 花掉的要比储蓄的多。
4. 只能节省一点购买小件商品的钱。
5. 认为钱的能量并不很大，而且没有多少潜力可挖。

6. 花钱从来不做计划。

7. 不能正确地使用活期存款账户。

8. 不恰当地使用信用卡。

9. 从不了解钱的时效价值。

10. 现在享用，以后付钱。大多数青少年对钱的认识不够，没有忧患意识，眼前只知享受，认为以后会由父母把钱送到自己手上。

11. 没把钱当回事。不少青少年总以为家长有的是钱，每天都能有大数目的零花钱，所以买东西从不考虑价格。

12. 买东西时，把身上的钱花个精光。

13. 向广告看齐。许多青少年的早餐，不是"好吃看得见"的方便面，就是"口服心服"的八宝粥，他们不论是吃的还是用的都向广告看齐。

14. 向大人看齐。看见大人们经常泡桑拿、吃麦当劳，他们感到一种气派，于是心生羡慕，也学着进行高消费。

15. 向明星看齐。据一家美容店老板介绍，她曾遇到不少崇拜明星的中学生来美容理发，还常常甩出 100 元的人民币。

16. 许多青少年在钱花掉之前，已经有过数次的购买欲望。

17. 买了许多东西，但很少有令他们长期满意的。

18. 滥用别人的钱。

19. 只在花钱时他们才有满足感。

在美国石油大亨洛克菲勒给儿子写的一封信中有这样几句话："有一点你要记住，财富不是指人能赚多少钱，而是你赚的钱能够让你过得有多好。""不懂得控制开销的重要性，就必须付出很大的代价。""控制开销不能让你一夜之间或一年之内致富，但它所构建的是你未来的财富。"

理财要做到心中有数，要学会记账，明白家庭里的开销和支出情况，规划自己的理财目标、计划等。不少男孩由于在中小学时对理财所知甚少，等到他们步入大学的校门，理财能力的匮乏依然不能让家长放心。

男孩们可以借鉴以下做法，当一个理财好手：

1. 学习储蓄基本原则，配置自己的零花钱。可以将钱分成三份，第一份的钱用于购买日常必需品；第二份的钱用于短期储蓄，为购买较为贵重的物品积攒资金；第三份的钱作为长期存款放在银行里。

2. 减少开支。花钱应懂得克制，根据自己的家庭环境来考虑自己的消费水平，并向父母申请一定的日常零花钱。

3. 准备一个理财本，学会定期整理，做到收支平衡。

4. 与父母一起筹划家庭的金钱计划。例如假设家里要过一个重要的节日，怎么在有限的时间内安排，哪些东西是必须买的，哪些东西是次要的，该花多少钱，怎么购买。并自己设计一张预算表，从中引导自己规范花钱的方向及适度使用钱财。

英国戏剧家肖伯纳曾经说过："其实赚一亿并不难，难的是让理财方式适合自己。"确实，赚一亿并不难，难的是学会一种适合自己的理财方式。

金钱会伴随人的一生，而成功理财能力的获得将会让人终生收益。因此，父母应让男孩学着从支配自己的零花钱开始，培养自己的理财能力，这样才能做一个明明白白消费的人。

建议三：让男孩为自己花钱制订计划

很多人经常为怎样赚钱而发愁，其实，花钱也是一门学问。如果能够为自己的开支制订合理的计划，日积月累，你会发现你的钱开始"变"多了。

个人收支计划是指对个人收入、支出和储蓄的事先性安排，它是通过制订相应计划实现的。计划科学，就会使日子过得井井有条、幸福美满，并将会有大量的节余；否则，花钱无度，随意性大，不到月尾钱就花光了，总觉手头紧，甚至可能出现较大的亏空。

因此，家长要教会男孩为自己的开支定计划，只买需要的东西，以避免不必要的浪费。

乐乐的爸爸妈妈从他开始上学，就经常给他一些零用钱，有时几毛，有时几块。乐乐往往会立刻用这些钱买自己喜欢的东西，见到什么就买什么，别的同学买什么就跟着买什么。钱花完了，再找爸爸妈妈要。爸爸妈妈也从来没有拒绝过。结果，乐乐的钱越花越多，越花越没有节制。

快过年了，家里做大扫除。妈妈在乐乐的抽屉里、床底下、书柜上发现了一堆"破烂儿"，十几张打了卷儿的卡通画、好几支相同的玩具枪、各种造型的塑料人，还有几个吓人的骷髅……看着这些东西，乐乐自己也奇怪：这些都是我买的吗？怎么一件也不喜欢了呢？细细算来，不到一年的工夫，花在这些"破烂儿"上的钱足足有几百块！乐乐后悔不已。

爸爸妈妈在这时才意识到，从来就没有对乐乐零花钱的使有任何要求，平时也不清楚孩子要钱都干了些什么。

因为爸爸妈妈没有对乐乐的零用钱的使用进行任何规定，乐乐也没有对自己的消费制订计划，才买了许多自己都不是很喜欢的东西，浪费了很多钱。如果当初他能够为花钱制订计划，每月花多少钱，用来买什么东西都规定好，不该买的东西不买，不该花的钱不花，可以节省下许多钱，这些钱可以用来买书、本、笔等学习用品，不是更有价值、更有意义吗？

有的男孩认为自己家里有钱就随便花，但这些钱是父母的辛苦劳动所得。不论一个人多么富有，都应该根据自己的需要来消费，那些"不买最好，只买最贵"的人会沾染上奢侈浪费的习气。

一个哲学家应邀去参观朋友富丽堂皇的新居。当他走进宽敞漂亮的客厅时，他问朋友为什么把房间搞得这么大，那个富有的朋友说："因为我支付得起。"

然后，他们又走进一间可容纳 60 人的大厅，哲学家又问朋友："为什么要这么大？"这个人再次说："因为我支付得起。"最后，哲学家愤怒地转向朋友说："你为什么戴这么一顶小帽子？你为什么不戴一顶比你的脑袋大 10 倍的帽子？你也支付得起呀！"

由于这类奢侈和浪费，人们将会变得贫困，而被迫向那些曾为他们所不屑的人借债，而最初贫穷的人则会通过勤劳与节俭赢得地位。显然，一个站立的农夫要比一个跪下的绅士高大。

父母要让男孩了解这样一个道理，一旦买了一件漂亮的物品，还会去买 10 件，然后便一发而不可收。如果我们不能压住我们的第一个愿望，那么随之而来的愿望就无法满足。如果穷者模仿富者，那是不明智的，如同青蛙要把自己胀得像牛一般大。

学会花钱，也是致富的一个必要条件。世界上最会赚钱的人，无一不是最会花钱的人。小气，并不是讽刺，这是有钱人的看家本领。精打细算，不乱花钱，是富翁的真正风度。

然而，在我们的生活中，还会发现另外一种现象：越是没钱的人，越爱装阔。这似乎是个心理问题，因为大多没钱的人容易产生抗拒心理，他们内心常在交战："难道我只能买这种便宜货吗?"自怜便油然而生，顾虑到别人的眼光会感到更加不安。所以当他们面对一件商品时，往往考虑虚荣要比考虑价格的时候多，没钱的自卑感像魔鬼一样缠得他们犹豫不决，最终屈服于虚荣，勉强买下自己能力所不能及的东西。于是，社会中有了一种怪现象，越穷的人，越不喜欢廉价品。仔细想想，有时候穷人的虚荣心总比富人强，他们会因为乱花钱而永远无法存钱。

年轻人往往是最爱慕虚荣的。一个刚赚了一点钱的小伙子，却非要常去高级餐馆，进高级酒店；有些只租得起一个小房间的年轻人，却非要倾其所有买一部汽车。试想，这样的年轻人又怎能不穷呢？越穷越装阔，越装阔越穷，形成了一个跳不出贫穷的恶性循环。

不能有计划地合理消费，会将自己的财富过早地耗尽，陷入穷困潦倒甚至举债的境地。

"量入为出"，计划用钱，是从小就要培养的好行为。男孩可以依据自己的需要和家庭负担的能力，确定每月可以由自己支配的钱数（数目要恰当，不宜太多），同时和父母一起制订开支计划，和父母约定，自己按计划开支，节约下来的钱也可以归自己。这样，男孩有自己支配的资金，满足了他的经济需要，也满足了他要求自立的心理需要。因为钱是"自己"的，数目是有限的，所以男孩就能够自觉控制自己的开支，并能有效地改正乱花钱的毛病。

细节 61　父母从日常生活细节中教会男孩理财

当男孩认识到金钱、学会劳动创造、开始积累自己的财富的时候，新的问题摆在眼前：怎样理财的问题。金钱是个人融入社会的必要手段，但是很多人却到了为了金钱不择手段的地步，腐败、盗窃、抢劫等犯罪的共同诱因就是对金钱的迷恋。种种现实让家长不敢让孩子接触到金钱，但越是如此，越像是在堵川填海。

与其冒着男孩错误认识金钱财富的危险去回避问题，不如以积极主动的姿态去面对问题。让男孩从小懂得金钱的价值、使用规则、社会对金钱的看法，将金钱与人格的关系引向健康而非扭曲的状态，是父母必须接受的任务。正如一位经济学家说："男孩不能在金钱无菌室里培养。"

一个人如果只懂得埋头挣钱，不知道理财和消费，那他挣再多钱也没有意义。金钱是交换的媒介，用劳动去交换自己想要的东西，本来是人类智慧的创造。因此，理财问题完全不是什么庸俗的问题，当男孩面对自己的积蓄时，是拿出一些钱来投入学习，还是和朋友们享受一个欢乐的暑假？这些看似简单的问题，就可纳入理财的范畴。对男孩的理财教育已经成为现实的要求，然而人们对钱财的理解还是有掩面遮"铜臭"的思维，觉得这些事情不应该让男孩过早地沾染，就算在金融发达、教育开放的美国，至今也没有开设针对男孩的理财课程。

对男孩进行理财教育，当然不是请经济学老师教给男孩们通货膨胀、房价波动的原理和股市的动态，这些很多大人都不能明白，给男孩们讲无异于对牛弹琴，不仅会浪费他们的时间和精力，也会让他们对理财产生厌烦情绪，效果适得其反。给男孩讲理财，就是让男孩明白一些简单的金钱规划原理，具体到自助游的花费、各国的物价、交通费用的比较等等，培养男孩基本的财商。

什么是财商？财商与挣钱多少没关系，它衡量的是你能留住多少钱以及让这些钱为你工作多久，进而随着年龄的增加，如果钱仍然不断给自己买回更多的自由、幸福、健康和人生选择，那么就表示财商在增加。财商的高低在经济社会甚至比智商的高低更能决定一个人的生活质量，财商高的人，就算收入一般，也能将生活过得有滋有味。既然高财商有助于男孩的生活，父母对男孩的理财能力的培养也是大势所趋。

巴西教育专家给理财教育提出一些建议：教孩子思考现在需要什么和现在想买什么，让他自己权衡并做出选择；在平时逛街的时候，教孩子识别物品的贵贱；带孩子去自己工作的地方参观，让他接触劳动和金钱的关系；鼓励孩子参与制定家庭预算，让孩子提出一些节省开支的方式；把社会责任和道德融入到孩子的思想中，即使在花钱的时候也不能忘记；从三岁起，就将每月零花钱一次性全给孩子，让他自己安排如何花费；孩子决定购买某种物品时，家长先不要发表意见，因为他正在学习自己做选择，除非他想购买的物品违背道德和秩序；对孩子的失误不要大惊小怪，他会边错边改；不要因为未能满足孩子的所有要求而内疚，孩子会因为失望而更加成熟、有责任心；不轻易买礼物，也不以不给零花钱作为惩罚手段。

无论是好习惯，还是坏习惯，都是从小养成的。为人父母者一定要帮助男孩从小养成一种好的习惯，就是定期有规律地储蓄。

美国出版了一本畅销书叫作《钱不是长在树上的》，这本书在谈到储蓄原则的时候提出了这样的一个建议：

　　孩子们可以把自己的零花钱放在 3 个罐子里。第一个罐子里的钱用于日常开销，第二个罐子里的钱用于短期的储蓄，将来用于一次性购买相对贵重的物品，第三个罐子的钱则长期存在银行里。如果想进一步培养孩子储蓄的兴趣，家长可以带着孩子一起去银行，并以孩子的名义开一个户头，当孩子看到存折上写的是自己的名字，感觉肯定是不一样的，他们觉得自己长大了。不仅如此，孩子还会更加深刻地明白，钱不是随便就能从银行里取出来的，而是必须先要挣出来，才能再存进银行。

　　这是这本书的作者所提出的一个小建议，属于一家之言。作为父母，怎样做才能引起男孩对理财的兴趣呢？

　　1. 储蓄优先。父母应该让男孩明白，把钱存在银行里，并不是银行把钱"拿走"了，而是把钱放在一个安全的地方，并且会有所增加。

　　2. 帮助男孩为特定的目标设定期限。打个比方，男孩想要存钱买一组电视游戏器的配件。父母就可以让他找一张样品的照片，在上面注明希望购买的日期再挂在墙上，让他时时看到自己的目标。

　　3. 让男孩明白金钱得来不易。当第一次给男孩零用钱的时候，家长就必须向他交代清楚：那些钱是爸爸妈妈辛辛苦苦工作得来的，所以要珍惜，不可以浪费。

　　4. 指导男孩合理地使用零花钱，可以制订一个计划，监督男孩零用钱的支出，随着年龄的增长，男孩会有一些可供自己支配的零用钱，父母应该给予指导和监督。

建议一：爸爸妈妈不要随便奖励男孩金钱

　　"乖孩子，只要你这次考试成绩排在班级前五名，就奖励一台数码相机。"

"宝贝儿子在家里不要吵，妈妈回来之后就给你带好吃的东西。"

"把厨房里的碗都刷干净了吧，回来之后给你 2 元钱作为奖励。"

……

用钱来鼓励男孩的做法，实在是弊大于利。男孩会误认为金钱是万能的，而且会产生对金钱的盲目崇拜。所以经常用金钱奖励孩子，其实最终只能危害子女。

反思一下自己，是否也有这样的教育习惯？

物质奖励无形中会让男孩养成奢侈习气，不爱惜物品，不懂得珍惜他人的劳动，甚至养成"高消费"的习惯和攀比心理，这些都将成为培养孩子朴素、关心他人等优秀品质的巨大障碍。孩子的成长离不开物质奖励，更离不开精神奖励，两者相辅相成，才能保证身心的和谐发展。

亲子关系不是商业交易，这种教育孩子用金钱换取亲子间互助与关怀的方法，最终会导致孩子们想要零花钱时就要求"爸爸，我给你捶捶肩吧"这种强卖行为，尤其对于家务，切忌用金钱承包的做法。

此外，有些父母还喜欢用金钱来奖励孩子努力学习，它会使孩子渐渐忘记了学习真正的乐趣。

奖励孩子的原则应是精神奖励重于物质奖励，否则易造成"为钱而怎么做""为父母而怎么做"的心态。公司老板如果希望自己的职员努力工作，就不要给予职员太多的物质奖励，而要让职员认为他自己勤奋、上进，喜欢这份工作，喜欢这家公司；父母如果希望孩子努力学习，建立良好品质，也不能用金钱去奖励孩子的好成绩，而要让孩子觉得自己喜欢学习，学习是有趣的事。

由此，我们不难得出这样的结论，作为一种表扬形式，应该以物质奖励为辅，精神奖励为主，两种奖励结合使用，才能使孩子养成好习惯。

在目前的家庭教育中，利用物质刺激，忽视精神奖励的情况已经不稀奇了。

每当孩子考试得了高分，或考取了重点中学，家长就不惜大花一笔作为奖励。作为奖励，有的家长给孩子买来电脑，孩子如愿以偿了，以后的学习就放松了，甚至后来孩子只是玩电脑、玩游戏、上网，作业都不做，成绩很快就下降了。直到此时家长才意识到：用买电脑来刺激孩子学习的方法欠妥。

实际上，这种滥用物质奖励来"激励"孩子学习的方法，很难收到效果，有时还会适得其反。在奖励的问题上，恰如其分的物质奖励是必要的，但只有和精神奖励结合起来，才会真正促进孩子向正确的方向发展。物质奖励对孩子只是一种刺激，而精神奖励才是促进孩子努力进取的动力。因此千万别因孩子一时取得了好成绩，家长头脑一热就滥用物质刺激，这样极易导致孩子不重视学习的精神所得，或使孩子学习动机不纯。

在男孩成长的过程中，父母的鼓励和认同是不可或缺的。但要注意的是，这种奖励必须是纯洁的，着力于精神的，有益于心灵的，而不是沾满铜臭味的。

现代社会，许多东西都能够用金钱来衡量，这并非坏事。但是如果为了让男孩进步，就总是拿着金钱去刺激他，却未必妥当。

总是想着在物质上满足孩子，不如想一想，如何从精神上来补给孩子、奖励孩子。精神上的奖赏，也许只是一句话、一段文字，却能让他久久回味。可以说是一件"一本万利"的事情，也是最经济的奖励。

建议二：可以适当帮助男孩学会花钱

父母应适时地让男孩了解家庭的收入，提醒他不要和别人攀比，要想生活得更好，必须付出艰辛的劳动，未来要靠自己自食其力。尽管男孩不必了解家庭经济的具体状况，但是家庭经济所能承受的最大压力是他应当了解的。父母毕竟不是"银行"。当他了解家庭的真实经济状况后，他会学会节俭，学会理智地考虑哪些东西是非买不可的，哪些东西又是不买也行的。

"妈妈，我能否拥有一架钢琴？"
"孩子，咱们家没那么多闲钱，再等等吧。"

男孩听了妈妈的话，他得到的信息是：家里没钱时，可以省着；有钱了，就可以买。

于是当这个家庭有钱之后，男孩便开始大手大脚花钱了。最终，这位妈妈很无奈，她对自己当年对孩子的节俭教育感到困惑不解。其实这位妈妈的初衷是好的，可是给孩子传递了错误的信息。在这种与男孩的对话技巧上，可以借鉴另一位妈妈的说法：

"妈妈，我能暂时用您的钱买一架钢琴吗？"
"可以，但你觉得买了钢琴，你会弹奏吗？再说钢琴价格也很贵啊！"

孩子从这位妈妈话中得到的信息是：钢琴对我来说真的那么重要吗？价格也不菲，我是否真的需要它呢？如果这个孩子经过分析，发现钢琴对他来说，并不是那么有用，他会考虑不买或暂时不买。

　　该花的钱，就不应该吝啬；不该添置的东西，也不要让金钱白白打了水漂。在这一点上，犹太人的做法尤为出色。在长期的颠沛流离中犹太人认识到，在社会中没有钱是可怜的人，所以要拼命地赚钱。他们会尽量过得幸福开心，注重享受，喜欢在装潢考究的饭店里吃饭，十分惬意。即便如此，犹太人从来都不会挥霍金钱，反而更加注重节俭。享受但不是奢靡，节俭但是不吝啬，这就是犹太人的花钱状态，他们在对孩子进行教育的时候，同样灌输了这样的花钱理念，值得中国的家长参考：

　　1. 坚决不吸烟。吸烟不仅危害身体健康，也会危害到财务"健康"。如果一个"小烟民"每天抽 3 美元，并且如果烟的价格每年上涨 5％的话，那么当你老了的时候，会花费掉四十多万美元，并且身体会受到严重伤害。

　　2. 不要再吃那些垃圾食品。如果从 15 岁开始，每天少花 1 美元，那么到退休时，你将会获得一笔可观的收入。

　　3. 至少一周带一次便当上学或去公司。这样一周节约 4 美元，一年可省 200 多美元，再过些年，便可以创造出将近 20 万的结余。

　　4. 常在家里吃大餐。如果按每周一次大餐，每吃一次，至少可以节约一半的费用。比如，你在外面吃花 50 美元，而在家做仅仅需要 25 美元。

　　5. 注意身体健康。身心健康与财富息息相关，如果身体垮了，创造再多的财富也是白搭。一个好的身体可以使人去赚取更多的金钱。

　　6. 关于房子与车。对于年经大一些的犹太孩子，父母会告诫他们买房子，不要租房子，还可以靠买来的房子创造租房的利润。购买汽车的时候，要买便宜一些的，开的时间长一些的，而不要去买那些不实用的。

　　对比犹太人的这些建议，我们可能会发现这样的问题，精明的犹太人虽然很会花钱享乐，但如果他们认为有些是不必要的花费，他们是断然不会掏出钱包的。

我们在教育男孩的时候，也可以借鉴犹太人的经验，别说"现在没钱，等有钱了再买""咱家穷，以后吧"之类的话，这样非常容易使男孩在家里有钱时，开始大手大脚地花费。父母最好让男孩考虑有没有买的必要，来强化他的金钱概念。

建议三：对男孩的零花钱要：尊重所有权，干涉使用权

有些父母担心给男孩零用钱会让他们养成浪费的习惯，或拿去做不正当的事情，不但影响功课，而且会使他们走入歧途，造成一生的遗憾。因此，对给零用钱一事父母应十分慎重。事实上，在男孩的成长过程中，金钱的运用是一项很重要的社会学习，它深深影响着男孩一生的人际关系与人格、心理的发展，无论采取过度限制还是过度放任的做法，都是不妥当的。给孩子零用钱，并非只为了满足他们的需要，而是要教会孩子理财以养成良好的理财习惯，而且这类教育宜早不宜迟。受到良好金钱观教育的孩子长大成人后才能对金钱抱持正常的心态，也才能处理好与金钱的关系。

那么管好零用钱，是培养男孩理财能力的一个很重要的细节教育。零用钱如何才能给得适当呢？

一是数额要适当，要根据家庭经济状况和孩子的合理需要统筹考虑。一般以够支付孩子合理的开支为限，不宜多给，也不宜少给。多给，容易养成孩子大手大脚的习惯，使孩子不知钱来之不易，不珍惜父母用血汗换来的钱；少给，不能满足孩子正常合理的需要，弄得不好，还可能引发孩子私自拿钱或偷窃的行为。

二是时间要适宜。零用钱可以选在一个有纪念意义的日子开

始给，如孩子上学的第一天等，告诉孩子这笔钱的用处，并使他懂得自己在家庭中的地位和责任，之后可以定期发给。根据孩子的年龄，不同阶段的零用钱发给的数目与时间可以不同。

三是特殊情况特殊对待。如果遇到孩子有集体活动，比如参观游园等，可以适量额外给男孩一些钱，鼓励他参加集体活动。

细节 62　告诉男孩：财富≠幸福

我们知道财富需要靠劳动换得，但是在男孩眼里，金钱和信用卡可以帮他们买到玩具、零食，可以让他们在游乐园尽情狂欢，也可以让他们享受很好的生活。而且男孩往往会认为，父母的金钱就像蘑菇，取走以后自然就会长出新的，这样的误解让孩子不懂得感恩，也不知道节俭。失去感恩和节俭意识的人，也就失去了很多快乐。

要让男孩明白财富与幸福的关系，对父母来说不是一件轻松的事情，很多成年人自己也没有找到财富与幸福的平衡点。因此，让我们在幸福教育之前，先补上这一课。

有人将财富比成万恶之源，也有人视财富为毕生的目标。其实，财富终究只是一种中介，通过它去换回自己想要的东西，在这个过程中，我们体会到幸福。财富与幸福之间未必会有正比的关系，更多财富并没有带来更多幸福。

例如，二战以来美国人的收入连翻三倍，大约有 1/3 的人在1950 年接受调查时说他们"非常快乐"，现在这个比例并没有明显变化。世界变得越来越富足了，不过人们的幸福感觉并没有像财富一样翻番。这种现象可以用"适应效应"来解释：人们对生活水准的提高很快作出心理调整，就像彩票中奖者兴奋一段时间以后，就会回到原来的幸福感水平上。

其实，有一个更主要的原因埋藏在我们的潜意识当中：我们大多数人追求的幸福，实际上是相对的。也就是说，只有在自己比他人得到更多时，我们才会有更多的幸福感。生活在北京的人与生活在武汉的人，平均收入会有较大的差距，但拥有幸福感的人群比例，却不会有什么差距。我们常问自己"我的房子是不是比邻居的更漂亮"，而不是"我的房子是不是够用"。

人们对待财富往往不能心平气和，所幸财富也不是快乐的唯一源泉。在财富满足基本生活所需之后，它对生活的乐趣没有多少真正的影响。与朋友或家人聊天、听音乐、帮助他人等都对幸福有比财富更大的影响力。那些最让人感到幸福，譬如爱、朋友、家庭、尊重、对生命价值的信念等，都不是钱可以买到的。

怎样做一个幸福快乐的人？心理学家调查发现，最快乐的人和最消沉的人之间最大的差别在于，他们与朋友、家人之间的紧密联系，以及愿意花时间和他们在一起的许诺。友好、感激和爱更能带来快乐，因为付出让人感到自身对他人的价值，给人生带来意义。

在对幸福和财富的关系做了如此大量的充电工作之后，父母不妨再想想自己的生活经验，自己快乐吗？最快乐的时候是怎样的情况？相信很多人会想到和家人在一起的快乐时光，得到别人的肯定以后的激动和欢欣，看到孩子小小的进步时的宽慰和惊喜……既然如此，孩子的疑惑也就能顺利解开了，因为生命中的幸福已在你心中，幸福就是选择好自己的心态，怀着感恩的心去面对人生。

建议一：不要娇惯男孩

俗话说："穷人的孩子早当家。"要让男孩了解点实情，让他知道你在做什么样的工作，从而学会体谅大人持家的不易。有必要的话，做父母的还可以带自己的男孩去看看自己的工作环境与工作情况，让男孩亲眼目睹你工作的辛苦与劳累，告诉男孩这样做一天可以赚多少钱，让男孩更懂得珍惜所拥有的一切。

现实中有些父母尽管自身有许多生活艰辛和身体病痛，但他们总是竭力在男孩面前掩饰，错以为这是爱男孩，却不知是害了孩子。生活中有苦才有乐，家长不要刻意去掩饰生活的另一面，而应让男孩从小学会分担你的痛苦和艰辛，理解生活的不易，长大后他才会珍惜眼前的生活，才会以真诚之心关爱别人。

也许，许多父母曾经受过很多苦，当他们日子好起来时，便把所有的宠爱都给了孩子，借以补偿自己童年的缺失。像这样在溺爱的环境中长大，没有任何自理和自立能力的孩子，在成年之后，会遇到很多本该在青少年时遇到的问题，但适应能力又不如青少年时期好。

一个商人有两个儿子。父亲宠爱大儿子，想把自己的全部财产都留给他。但是母亲很可怜小儿子，她请求丈夫先不要宣布分财产的事。商人听从了妻子的劝告，暂时没有宣布分财产的决定。

有一天，母亲坐在窗前哭泣，一位过路人看见了，就走上前来，问她为什么哭得这么伤心。她说："我怎么能不伤心呢？我很疼爱两个儿子，可是我的丈夫却想把全部财产留给大儿子，小儿子什么也得不到。我请求丈夫先不要向儿子们宣布他的决定，但是我到现在也没有想出更好的办法。"过路人说："这个问题很容易解决。你只管让丈夫向两个儿子宣布，大儿子将得到全部财产，小儿子什么也得不到。以后他们将各得其所。"

小儿子一听说自己什么也得不到，就离开家外出谋生去了。他在那里学会了许多手艺，增长了知识。大儿子一直依赖父亲生活，父亲去世后，大儿子什么都不会干，最后把自己所有的财产都花光了。而小儿子在外面学会了挣钱的本事，变成了富翁。

许多父母通过这个故事告诉孩子：只有摆脱对父母的依赖，拥有智慧又能维持生计的人，他以后的人生才会走对路。

生活并不是一帆风顺的，是有艰辛的。作为家长，当遇到不如意的事情时，应该把实际情况实实在在地讲给孩子听，让孩子明白生活的艰辛。让孩子直接面对，和家长共同承担起家庭生活的艰辛。要通过活生生的事实告诉孩子，生活就是这样，它既会造就幸福，也会带来痛苦。我们生活在这个世界上，唯有直面人生，通过自己最大的努力，才能掌握命运，创造美好的未来。家长要教育孩子从小懂得这些，这才是对孩子最大的关心和爱护。

许多男孩一直过着饭来张口、衣来伸手的生活，只要有需要，就可以毫不费力地从父母处要到钱。但对于这些钱是怎么来的，他们从来没想过。

父母不妨带孩子到自己的工作场所去参观一下。通过这些，让他知道钱是从哪里来的，了解钱的来之不易，了解钱在生活中扮演的重要角色，男孩会反思自己的消费行为和消费习惯，他们会主动想着去挣钱，而不是随时伸手向父母要钱。

"石油大王"约翰·戴维森·洛克菲勒，从小家教很严，靠给父亲做"雇工"挣零花钱。他清晨便到田里干农活，有时帮母亲挤牛奶。他有一个专用于记账的小本子，把自己每天做的工作记下来，然后按每小时 0.37 美元与父亲结算。洛克菲勒在做这些工作和记账的时候都非常认真，他觉得从中能得到无穷的趣味。更有意思的是，洛克菲勒的第二代、第三代乃至第四代，也都延续了这种"打工"挣钱的做法，一旦谁想不劳而获，就别想得到一分钱的费用。

洛克菲勒这样做并非家中贫困，也不是父母虐待孩子，只不过是延续了犹太教育中"要花钱，自己挣"的传统。那小账本上记载的何止是一笔流水账，而是孩子接受磨难和考验的经历！

在其他一些发达国家的家庭里，家长也都很注重孩子"独立赚钱"能力的培养。在日本，许多学生利用课余时间在饭店洗碗、端盘子，在商店售货或照顾老人，做家教等赚取学费和零花钱。在美国，七八岁的小孩就成了"小生意人"，出售他们的"商品"挣钱零用。

孩子终有一天要长大，也终有一天要走向社会，如果不让这朵"温室的花朵"接受外界的风吹雨打，它如何能茁壮成长？当孩子下次向你要钱时，请毫不客气地告诉他：要花钱，自己挣！

建议二：给男孩树立正确的金钱观

现实生活中，许多人或者是因为不满足，或者是因钱而导致朋友之间的纠纷、感情的背离，或是因为钱已够多而失去了目标。总之，他们对钱又爱又恨，没有钱烦恼，有了钱不一定就会得到快乐。

在如何对待金钱的问题上，经常有两种极端的做法。有些人只认钱、不认人，他们的唯一目标就是金钱，金钱成了支配他们生活的最重要的因素。

还有另外一个极端，这是一些在任何情况下都绝不希望成为守财奴的人士。只要可能，他们总是避免和金钱发生关系。他们把其他事物置于铜臭之上，例如人与人之间的关系、家庭、健康、精神生活、温情等，这种类型的人总是尽量回避"金钱"这个题目。

这两种做法都过于极端。家长必须向孩子明确，金钱到底有多么重要，教会孩子学会把金钱变成生活中的助手。

生活中，一些男孩要么花钱毫无节制，如流水一般；要么小气吝啬，如一只"铁公鸡"。

吝啬的人是金钱的奴隶，而不是主人。对这类人来说，唯有金钱、财物才是最为重要的。为钱而钱，为财而财，敛钱、敛财是这类人的最大嗜好，也是他们人生的最大目的。他们的生活公式是：挣钱、存钱、再挣钱、再存钱……他们的最大乐趣是"数钱"：今天比昨天多了多少，明天比今天还会多多少；他们的哲学是：多了还要多，永远不会有满足的时候。

吝啬的人一般都不懂人与人的感情。他们不懂得亲情，不懂得友谊，不懂得人与人之间的感情，若是有的话，也要以金钱的标准去衡量。一般的处世原则是认钱不认人。即使是家人，也始终毫不含糊，"账"总是算得清清的，为了金钱有的人甚至达到了"六亲不认"的程度。

吝啬的人一般都是自私的、贪婪的。这类人总是嫌自己发财速度太慢，总想不劳多获。

吝啬贪婪者金钱、财富都不缺，然而其灵魂、其精神却是在日趋贫穷。

吝啬果真能给吝啬者带来愉快吗？不能。其实吝啬者的生活是最不安宁的，他们整天忙着挣钱，最担心丢钱，唯恐盗贼将他的金钱全部偷走，唯恐一场大火将其财产全部吞噬掉，唯恐自己的亲人将它全部挥霍掉，因而整天提心吊胆，坐立不安，永远不会是愉快的。吝啬者"小气"、心胸狭窄，在他们身上很少体现"亲情"二字，所以其内心世界是极其孤独的。尤其是当他们有难的时候（譬如在病中），他们才会感到缺少感情支持的悲怆，才会感到因为吝啬而失去的东西实在太多，才会充分感觉到金钱的真正无能。

富勒一心想成为千万富翁，而且他也有这个本事。多年打拼之后，他拥有了一幢豪宅，一间湖上小木屋，几千亩地产，以及快艇和豪华汽车。

但问题也来了：他工作得很辛苦，常感到胸痛，而且他也疏远了妻子和两个孩子。他的财富在不断增加，他的婚姻和家庭却岌岌可危。

一天在办公室，富勒心脏病突发，而他的妻子在这之前刚刚宣布打算离开他。他开始意识到自己对财富的追求已经耗费了所有他真正珍惜的东西。他打电话给妻子，要求见一面。当他们见面时，他们热泪滚滚。他们决定消除掉破坏他们生活的东西——他的生意和物质财富。

他们卖掉了所有的东西，包括公司、房子、游艇，然后把所得收入捐给了教堂、学校和慈善机构。他的朋友都认为他疯了，但富勒从没感到比此时更清醒过。

接下来，富勒和妻子开始投身于一桩伟大的事业——为美国和世界其他地方的无家可归的贫民修建"人类家园"。他们的想法非常单纯："每个在晚上困乏的人至少应该有一个简单而体面，并且能支付得起的地方，用来休息。"美国前总统卡特夫妇也热情地支持他们，穿上工装裤来为"人类家园"劳动。富勒曾有的目标是拥有1000万美元家产，而现在，他的目标是为1000万人、甚至更多人建设家园。目前，"人类家园"已在全世界建造了6万多套房子，为超过30万人提供了住房。富勒曾为财富所困，几乎成为财富的奴隶，差点儿被财富夺走他的妻子和健康；而现在，他是财富的主人，他和妻子自愿放弃了自己的财产，而去为人类的幸福工作，他自认为是世界上最富有的人。

由此可见，善用金钱，我们才能获得幸福和宁静。家长要帮助男孩树立正确的金钱观念：

1. 珍惜每一分钱，将它用在需要的地方。大手大脚、挥霍浪费只会损害你的将来。

2. 既不回避、鄙夷金钱，也不贪婪、吝啬，应保持平常之心。

3. 成为罪恶之源，还是人生的好帮手，钱的作用就取决于你的驾驭之法。

细节63　帮男孩树立正确的财富观

罗素·塞奇说："每一个年轻人都应该知道，除非他养成节俭的习惯，否则他将永远不能积聚财富。"

可在奢靡之风渐盛的今天，勤俭节约的观念被一些人抛到了脑后，在那些人眼里，家境贫寒者节俭，被讥笑为"穷酸"；家境富有者节俭，被讥笑为"守财奴"；高居官位者节俭，被讥笑为"傻子"。

有一所小学，捡拾的物品堆满了一间屋子，大至皮夹克，小至铅笔、橡皮，这些都是半新或全新的东西。学校多次广播，要求孩子们去认领，却没有人去。一次家长会上，校领导讲了这件事，说再不认领就处理给废品收购站了，也只有几个家长带着孩子去认领。有个孩子说："我们要新的东西，这种都是被淘汰的，我们自己丢弃的，自然不会去认领。"

随着社会的发展和时代的进步，人们生活水平不断提高，消费观念也在不断改变。在物质产品日益丰富的今天，"食无求饱，居无求安"的传统观念已逐步退出历史舞台，消费至上、享受第一的思想观念渐渐粉墨登场。

有人说，勤俭节约的观念已经过时了，但是我们应该看到，汹涌而至的消费浪潮，使人们的视线都集中到享乐上，因此不劳而获的事情就不断地发生。人一旦沉迷于这种生活方式，就会愈加贪婪，攀比、从众、追时髦、喜新厌旧等就会随之而来，谓之穷奢极欲，而这就是一切罪恶的根源。而节俭却可以让男孩如出淤泥而不染的荷花，谓之俭以养德，让孩子在物欲横流的社会，保持一颗纯净的心。奢华虽然给人一种繁荣、热闹，但是这种繁荣的背后却是一种难言的荒凉。而节俭却能让人平静、让人豁达，给人一种人格的魅力。

北宋范仲淹幼时家贫，在求学时，靠啖粥苦读考中进士。为官后生活仍十分俭朴，尽管后来薪高禄厚，仍是衣仅求温，食仅求饱，终其一生，也未建一座像样的宅第。他的俸禄，大多用来周济寒士贫民。他在姑苏近郊购田为义庄，以养族人与贫而无靠者，以至于去世时"身无以为敛，死无以为丧"，"虽位显禄厚而以贫终身"。

实际上，富人遵循的理财守则之一，也是节俭。

有一次，比尔·盖茨和一位朋友开车去希尔顿饭店。到了饭店前，发现停了很多车，车位很紧张，而旁边的贵宾车位却空着不少，朋友建议把车停在那儿。"这要花10美元，可不是个好价钱。"盖茨说。

"我来付。"朋友坚持道。

"那可不是个好主意，他们超值收费。"在盖茨的坚持下，他们最终还是找了个普通车位。

盖茨最讨厌物不等值，对应该花的钱，他从不小气，这些年他为慈善机构捐款很多。

不要以为成功的富豪会很奢侈，其实不然，真正的成功者都是很节俭的人，他们会把钱用在投资上，却不会浪费在不必要的事情上。有人对财富拥有者进行调查时发现，他们对生活上的开销都很谨慎，他们不愿把自己财产的亿分之一浪费掉；他们对金钱的理解远远要高于普通人；他们虽然富有，但他们更懂得理财是成功的基本保证。

当然并非所有的富人都珍视钱，而那些穷奢极欲的富人，他们富有的日子也未必会长久，挣了大钱的企业家很快又把钱输光了，这样的故事不胜枚举。这些人通常把钱花在了购买奢侈的消费品上，最终难以摆脱入不敷出、倾家荡产的悲惨命运。

真正富有的人，喜欢做的事是挣钱，或通过照管他们的投资赚钱，使自己手中的资本像滚雪球一样越滚越大。他们管理钱财的能力与赚钱的能力并驾齐驱，使他们可以真正让金钱为自己工作，而不是做金钱的奴隶。

他们总是尽力计划自己的需求，延迟对奢侈消费品的购买。并且购买那些性价比较高的商品，他们总是期待并争取折扣，在消费时无论是用现金、支票，还是用信用卡，都会保持收支平衡。正是这种有序节制的生活习惯，使他们总是富庶有余，清泉常流。

家长要让男孩明白，养成勤俭节约的好习惯，就要从现在做起，对自己的消费精打细算，能省则省。

"易拉罐 8 个，矿泉水瓶 17 个，报纸 4 斤，能卖 5 块钱，交这个月的电费还绰绰有余。"高中生阿东说起他们的寝室基金，一脸高兴。在寝室里，阿东最先提出，把平时看完的报纸和喝空的饮料瓶子带回宿舍集中卖，所得作为寝室基金，室友都表示赞同。其后，该室每个月卖废品的钱除交一部分电费外，剩余的钱就买一些大家共同的东西。阿东指着衣架、洗洁精和鞋刷说，这些全是用卖废品的钱换来的。

据了解，该校宿舍另外几个寝室也有这样的"寝室基金"。常在该校回收废品的李师傅说，现在学生似乎变得"小气"了，以前每天能在小树林的石桌上捡四五斤报纸，现在感觉少多了。

看，这不就是节俭的表现吗？男孩们唯有重视每一枚铜钱的作用，才能够积聚财富。要知道，养成勤俭节约的美德，把自己的资金用来投资，是成功致富者必须具备的素质之一。

建议一：分享让财富增值

互联网是投资理财的一个新领域，第一个吃螃蟹的人杨致远就是以此发家致富的。当时他面临着是继续读博还是专心经营雅虎的选择，最终他选择了互联网，事实证明他的取舍是有价值的，几年后，"雅虎"不但成为全球访问量最大的站点之一；更重要的是，它的发展是世界互联网发展的一个里程碑，人们的互联网搜索变得便利，网上的资源被更多人分享；而且，在短短的几年时间里已在其投资者中造就了近10个亿万富翁！

家长要让男孩明白，懂得分享的人，让自己的知识为别人增值，别人也会以同样的方式来回报你，这样的财富增长才是一个良性的循环。新一任的联合国秘书长潘基文说自己的"武器"也是分享。

"我竞选这个职务，不是为了个人名誉，更不是争夺个人利益，当选联合国秘书长就意味着责任和奉献。我希望在我的任期内，通过各方面的努力，让全世界的人民，不分种族、性别、国籍，都能过上幸福、和平、快乐的生活。"这是潘基文在就职演讲中说过的一句话。

短短的话语中，充满亲切和爱，让人们看到一个懂得分享的领导者。

小时候，有人送来两箱苹果给潘基文的爸爸，其中一箱苹果过分成熟，不马上吃掉很快就会腐烂，另一箱比较新鲜，还可以保持长一点的时间。

父亲把三个儿子找来，商量苹果的吃法。大哥说，趁还没有完全坏，先吃那成熟的一箱。父亲说，不过等吃完这箱，那箱也就坏了。二哥说，先吃那箱好苹果，这样就能尽可能多地吃好的。可父亲说，这样一来，熟的那箱肯定全部浪费。潘基文却说，我们把两箱苹果混合起来，分一半给邻居，所有的苹果都不会浪费。父亲听后，若有所思地笑了笑，大概他也看出儿子的与众不同，因为他有别人少有的高贵品质。

分享是一种力量，在选择给予别人的同时，自己本身也已经收获到心灵上的慰藉和温暖，更何况善行的背后，往往是源源不断的资源自发地朝分享者聚拢。

让男孩学会分享，说来容易，做来难。如果男孩还小，爸爸可以以身作则来示范分享，多和邻居往来，多和男孩讲讲自己的故事，在生活中把分享演绎得自然而然。但如果男孩自私的脾气已经养成，就需要爸爸"力挽狂澜，扭转乾坤"了。这里有一个故事可以给爸爸参考。

有一个男孩过生日，自己挑了一个很大的蛋糕。由于平时爸妈不让他放开吃甜食，这回他想一个人把住自己的生日蛋糕的半壁江山。

结果晚上给孩子庆生之前，竟来了一群不速之客——爸爸的同事们。大家三三两两地赶来了，孩子背地里对爸爸说："唉，早知道就订一个更大的蛋糕了，这下子我的那份要被人拿走了。"爸爸看出来孩子是在为自己的损失伤心，于是安慰他说："叔叔阿姨们过来给你过生日，这是多好的事情啊，一块小小的蛋糕算什么。"孩子还是嘟着嘴。

等到吹熄蜡烛许完愿，叔叔阿姨们纷纷亮出了自己的礼物，有小闹钟，有彩笔，其中还有一盒精致的小蛋糕！孩子当即就说要打开来大家尝一尝，看来，获得的快乐已经大大超过了小损失的伤心了。

晚上临睡前，爸爸问男孩高兴不高兴，孩子说很高兴。爸爸问："你还为叔叔阿姨吃了你的蛋糕而难过吗?"男孩摇摇头。"当你把自己的蛋糕和别人分享了之后，别人也会把他们的好东西和你分享。就算叔叔阿姨们没有带礼物来，至少你多了几个朋友，朋友肯定要比蛋糕的保质期长久，是吗?"孩子点点头。

建议二：不做斤斤计较的守财奴

收废品的人在楼下吆喝，平时积攒的报纸和塑料瓶终于可以派上用场了。"走! 我们卖废品去!"爸爸说着就带着孩子找废纸和瓶子，孩子跟着忙得不亦乐乎。

报纸和瓶子都数量可观，但是收废品的人把秤把得特别严，价格也不算好。

"怎么报纸才这个价啊，以前不这样啊。"爸爸觉得自己吃了亏了。

"现在金融危机，我们收废品的不好过了，价格也不如以前了。估计再过一段时间都没有人干了。"

"那也不能这样啊，你们还不如直接去垃圾桶里面自己捡好了。"

"您要不想卖就算了，现在都是这个价，我不信您还能卖出个高价来。"

"走，我们回去！"爸爸牵着孩子要上楼，收废品的人哭笑不得，孩子也很迷茫，不知道该不该走。

这样的家长，许多男孩可能都不会喜欢。

虽然我们提倡家长给男孩进行理财教育的时候要以身作则，自己做到勤劳节俭，等等，但是在有的小事情上面，家长还是应该保留一份高大的"英雄形象"，在卖废品上面锱铢必较，未免有失"英雄"的身份。

其实每个人的心目中都有一份浪漫的遐想，只是随着年龄的增长，我们都变得越来越实际了。爸爸妈妈在男孩的心目中是一个高大的形象，慷慨大方、乐于助人、充满了力量。而且，卖废品、买菜这些事情，大可不用太斤斤计较，重要的是和孩子一起体会劳动的乐趣。当你太在意别人找给你的钱是否少了一毛两毛的时候，劳动的乐趣就会转移到算钱上面，这对孩子来说是一件很扫兴的事情。

特别是男孩处于青春期的时候，最敏感的就是自己的"面子"问题，如果家长处处都显得很抠门，男孩就会觉得自己很没有面子，这是人之常情，家长应该能够理解这份虚荣。何况，理财的教育重要的是怎样让财富换来快乐，不在这几毛钱上面。

其实，家长斤斤计较破坏男孩的"美感"还是其次，最重要的是，如果家长把这种斤斤计较的风格传染给了男孩，男孩就很可能变成一个小气鬼，没有什么朋友。

有的男孩在学校经常买零食，但是不和别的孩子分享，如果别人要尝，就得按照比例给他钱。这种男孩是最容易招人讨厌的。当男孩走进社会的时候，难免会吃一些亏，上一些当，这都是人生成长的必修课。

家长慷慨一些大方一些，男孩也会学着慷慨大方，树立正确健康的财富观，而在这样的共享性社会中，慷慨大方的人才会受欢迎。

建议三：与其仇富，不如努力赚钱

父母不经意的语言或是行为往往都能够对身边的男孩产生不可预料的影响。所谓"有其父必有其子"，也就是说，好的言行不仅能够让父母在男孩心目中的地位提升，而且对孩子自身的成长都是受益无穷的。

仔细观察当下的社会，我们就会发现，似乎有钱人永远都是有钱人，甚至越来越富有。然而贫穷的人却始终都在苦难中挣扎，与其说挣扎，倒不如说是抱怨。很多人都有仇富的心理，他们看不惯富人的行为，哪怕那是善举，在他们的眼中都总是呈现为"虚伪"。

看见别人的大房子与别墅，他们的心中愤愤不平，抱怨上天为什么对自己如此不公平。在他们的心里，富人的财富都是通过不正当的渠道得来的，贪污、受贿……所有肮脏的词汇都在他们心中过了一遍。他们唯独就没有想过，其实富人的钱财也是依靠辛勤劳动才获得的。

这样的人如果身为父母，他们的孩子可就遭殃了。"上梁不正下梁歪"，如果你是一个仇富的母亲，那么你的男孩很可能也变得与你一样。因为仇富的心理只能让人停留在狭隘的思想中，而不是积极努力地改变自身的生存环境。长此以往，贫穷始终都会跟随着你，你的孩子也在你仇富的思想中丧失了美好的将来。

一位男士，年纪轻轻就创造了巨额的财富。于是，电视台邀请他去做节目，主持人问他："您如今已经是亿万富翁了，取得目前的成绩，您最想感谢谁？"

成功人士毫不犹豫地说："我妈妈。没有她，我不可能会有今天这样的成绩。"顿了顿，他继续说道："小时候，我家的生活条件很差，因为爷爷奶奶身体都不好，经常生病，爸爸妈妈的工资大多数时候都被用来给他们看病了。那时候，看到别的孩子吃零食、穿新衣服，我都很羡慕，但是家庭条件不允许，我只能暗暗地在心里想一想。

"初中二年级，有一次下大雨，有不少同学都没带雨伞，放学后我们都在教室里等着雨停，没多长时间，我从窗户看到我妈给我送伞来了，她是走着来的。看到我妈来了，我收拾好书包下楼了。当我们走到校门口的时候，看到那儿停着两三辆小轿车，其中有一辆我知道是班上李炜爸爸的，他爸爸是商人，家里很有钱。我看见李炜很自豪地坐上那辆车走了，愤愤地说：'看他那神气的样，不就是他爸爸有钱吗，经常拿着些新玩意儿在教室里跟大家炫耀，好像就他能买得起似的。'

"妈妈听了我的话：'怎么那么生气呢，他的钱也是他爸爸挣的，跟他没关系，你自己长大后努力赚钱不就可以了吗？'妈妈的话让我恍然大悟。

"虽然我妈妈没教给我太多的文化知识，但是她教给我乐观、积极的生活态度，还有对待金钱的态度，这让我在后来的生活中受益匪浅。"

家长在孩子成长中所扮演的角色至关重要。因此，要想做合格的父母，首先就要有一个正确的金钱观，正确地看待他人与自己的财富。在耳濡目染之下，自己的孩子也就与母亲的思想靠近了。一个从小在仇富父母的教导中成长起来的男孩，长大以后的他有很大的可能是变成如同他父亲母亲一样的人。而像例子中所提到的那位母亲，因为有着良好的素养，有着正确的价值取向与金钱观，所以她才能在儿子犯错的时候及时地给予纠正与指导，最终走向成功。

"天外有天，人外有人。"无论对待什么，我们都需要有一颗平常心。别人的工资比你高，你就终日愁苦不堪地生活在阴影之中。何必呢？这样做不仅伤害了自己，而且对孩子也会产生不良的影响。在家庭教育中，身为家长一定要记住：正确地看待别人的财富，否则，你就预约了自己孩子的贫穷未来。

第十一章　心智和身体共同成长

—— 男孩应打理好自己的情绪

细节64　教男孩做受欢迎的情商高手

绝大多数男孩认为人际关系是令他们头痛的事，奇怪的是越觉得它讨厌，就越不容易搞好它。于是，男孩会羡慕那些总受人们喜欢的人，不知他们的成功秘诀在哪儿。其实，差别就在于情商的高低。

高情商者不仅会受到他人的喜爱，更易得到别人的帮助。

卡耐基告诉我们：成功＝15％的专业知识＋85％的为人处世的技能。当然也有人会说是80％的人际关系，但无论是哪个数据，都只是为了说明人脉的重要。因为一个不受欢迎的人是无法得到成功的拥抱的。

俗话说："交一个朋友比得罪一个人强。"这话有一定道理。因为一百个朋友不算多，而冤家只要一个就很多了。所以，平时就要做一个广受他人欢迎的人，这样才会有人在你遇到困难时伸出援助之手。否则，别指望他人的帮助，别人不对你落井下石已属厚待了。

　　秦穆公有一个最大的爱好就是喜欢马。有一次，穆公最喜爱的一匹马跑丢了，不久有人报告说这匹马在岐山之下被"野人"捉住。穆公知道后，就兴冲冲地到岐山之下去找马。结果，穆公最喜爱的马已经被这伙"野人"当美餐吃掉了！见到这种场面，穆公心如刀割。但是，他虽然十分气愤，却说出了一句令人意外的话来："吃马肉不喝酒会伤身体的，快给他们拿点酒来！"于是派人抬来几大桶酒给"野人"助餐。

"太棒了！真是个好王！"

不难想象，围着篝火又吃又喝的一群"野人"那种手舞足蹈的高兴劲儿，大家尽兴而散。

一年以后，秦穆公率军队同晋国军队打仗。晋军人数很多，一时将秦穆公围在韩原（今陕西境内），眼看就要将秦穆公活捉。危急时刻，忽然从晋军后面杀出一支生力军，一下子把晋军打得七零八落，解救了穆公。待解围后，穆公才得知，这支生力军不是秦国的正规军队，而是前一年分食马肉的岐山下的"野人"。这些人因得到穆公的恩赐，念念不忘他的好处，刚刚听到他有难，就赶来解围。这就是"行德爱人则民亲其上，民亲其上则皆为其君死矣"。

秦穆公脱险归根结底是由于一年以前的一个恩惠，他以自己的行动向我们展示了一个高情商者的魅力。

对于一个国王来说，自己心爱的马被"野人"所食，一般人肯定会控制不住情绪，把"野人"杀个痛快，但若如此又会给秦穆公带来什么呢？难道能换回他的良驹吗？显然不能。所以说情商的高低决定一个人所思所为的差异，而这一切都决定了你给他人留下的印象、受欢迎的程度。

男孩在生活中也经常会遇到种种不如意，有的人容易因此大动肝火，结果把事情搞得越来越糟。而有的人则能很好地控制自己的情绪，泰然自若地面对各种刁难，在生活中立于不败之地。就如同故事中的秦穆公一样，最终靠控制自我情绪而赢得了人们的敬重。

情商就是这样一种管理情绪的艺术，如果希望得到他人的欢迎，就要学会了解和管理自己的情绪。掌握并认真利用好这门艺术，将会令男孩受益一生。

心理学家认为，愉快而稳定的情绪，有利于促使脑细胞的兴奋和血液循环，能使男孩的大脑处于最佳活动状态，思路开阔，思维敏捷，解决问题迅速，灵感也容易出现，男孩的潜能得到充分发挥，智力活动效率提高。同时，对情绪的自我认知感觉能力可以培养人们对直觉的自知力。而直觉是创造性思维活动的基本形式之一，它使主体能敏锐地察觉到事物之间的本质联系，提出独特的见解和科学的预见，对创造性活动尤其是科学研究有着重大作用。

生理素质是主体进行成才活动的前提和基础，对男孩成才活动起促进或延缓作用。情商的重要内容之一就是具备控制自己情绪的能力，这种能力越高，男孩越能及时摆脱焦虑、愤怒、抑郁、悲痛等不良情绪，保持冷静、乐观、热情、开朗等积极的心态。心理医学研究表明：在积极的情绪下，男孩的中枢神经处于最佳功能状态，人体的内脏及内分泌处于平衡状态，整个躯体协调，充满活力，能为神经系统填充新的力量，充分发挥有机体的潜能，提高脑力劳动的效率和耐久力。相反，长期处于不良情绪下，往往会引起人体病变，引发疾病，延缓、阻碍成才活动。

建议一：男孩的"智本"比智商和资本更受欢迎

在如今的这个时代，家长留给男孩的最有益的资本绝对不是金钱，而是优秀的素质，综合的能力，我们把它称为"智本"。"智本"所界定的范围，当然比"智商"的概念要宽泛很多。在未来的"智本主义社会"，能力才是衡量一个人的根本性指标。

1994 年，一个名叫 Charles Murray 的学者发表了智商研究名著《钟曲线：在美国社会中的智力阶层》，这篇文章主要阐述的道理就是"智商决定论"。

在这篇文章中，作者明确地表态：如果是在过去的旧社会，你的社会地位是由家庭背景、经济条件等外在的因素决定的。而在当今的美国，一切都是由自己的智力来决定，智能最优异的进最好的大学，智能低下的则沉入社会下层。智商和犯罪率、失业率、福利、儿童教育、贫困等都有显而易见的统计学上的相关性，所以需要认真面对。

不仅如此，作者还将自己的研究观点推进了一步，得出亚裔的智商比白人略高，黑人的智商则明显偏低的结论。这个观点遭到了很多人的斥责，被认为有种族主义的倾向，当时无论作者走到哪里讲演，都会被抗议者包围，甚至有大动拳脚的场景出现。

许多的心理学家、人类学家、社会学家和教育学家都对"智商决定论"的说法提出过批评，他们认为，智商除了遗传基因的生理层面以外，还有其他的社会层面，因为智商的高低还会很大程度上受到后天环境的影响，况且智商本身并不能完全决定一个人的成功。

长期关注精英教育的民间学者薛涌先生在他的论著《一岁就上常青藤》中认为，一个人能够获得成功，不外乎三种途径：

第一种情况：出身好。在传统的贵族社会，血统是决定性的因素。你能够拥有多少财富和权力，首先要看你的家门、出身，而未必是你的个人能力。

第二种情况：资本多。在资本主义的社会，一生的成败决定于你所掌握的资本，即你是否有钱。虽然能力可以产生金钱，但是一个能力平平的富家子弟，比起住在偏远农村但是个人素质优异的穷孩子来说，还是存在着相当大的优势。

第三种情况：智本高。现在，多数的西方国家都进入了一种"智本主义社会"的人才发展模式。在这样的社会里，能力平平的富家子弟很难比得过有着百里挑一素质的穷孩子。因为一个能力平平的人，即便是他掌握着万贯家财，但是却未必能守财，更不用说创造新的财富。他这一笔无法升值的财富很快就会变得微不足道。而一个没有任何资本却以智本取胜的穷孩子就不同了，虽然一贫如洗，不过这些都是暂时的，他具有创造的潜力，就如同市场上炒得炙手可热的期货。

卡耐基小的时候生活在一个非常穷困的人家，在他 7 岁的时候父母就双双失去了工作，使他的生活雪上加霜，欠下的债也是越来越多。家中极度贫困，在卡耐基小小的心里留下了阴影，他常为自己衣服的粗陋破旧而难过。他曾对母亲说过：当他在数学课上时，老师叫他到黑板前解答问题，他的脑中一片空白，只是在想大家会笑他穿的衣服。

这个穷困的苏格兰儿童在登陆美国之后成为了社会底层的移民童工，背井离乡，没有钱，没有身份。当时他工作的酬劳，每个小时只有两分钱，他就是从这里开始起步，一点一点靠着自己的能力成为了后来美国富有的人。这些都体现出了"智本主义"的原则。

任何社会的发展都需要能人治世，否则迟早会被社会淘汰。所谓的"智本主义社会"，就是把能力作为唯一的指标来衡量一个人。直到 20 世纪的上半期，能进常青藤学校读书的人一定是白人的社会精英，别的阶层根本无法与之进行公平竞争。而现在就不同了，如果你没有能力，无论是什么样的血统和财富都进不了常青藤；可是如果你有能力，哈佛会舍得一年花 4 万美元请你去读书。这种变化，无不说明着社会的进步，懂得与社会同步的人才能搭上成功的阶梯。而这种现象本身也折射出了现代市场经济的基本逻辑：对高素质的人追加教育投资，会产生极大的经济回报。比如哈佛每年花 4 万元请比尔·盖茨读书，而以后他可以创造超出 1 千亿美元的财富。

与其说是智商决定了一切，或者说是出身决定了一切，不如说是素质决定了一切。这种素质所界定的范围，当然比智商要宽泛得多。一个人的素质，比如品格、动机、意志、价值观念，等等，这些要素更能决定人是否能够获得成功，而且往往比智商更关键。如果父母要培养一个优秀的男孩，情商教育是必不可少的。

建议二：优秀男孩必备的情绪智力：专注

一个人的精力和时间本来是很有限的，在这种情况下，如果选不准目标，到处乱闯，几年的时间会一晃而过。男孩如果想取得突破性的进展，就该像学打靶一样，迅速瞄准目标；像激光一样，把精力聚于一束。一个人只要"咬定青山不放松"，长期专注于某一事业，他通常就能成为这方面的专家、成功者。

> 法国的博物学家拉马克，是兄弟姐妹 11 人中最小的一个，最受父母宠爱。他的父亲希望他长大后当牧师，送他到神学院读书。可他却爱上了气象学，想当个气象学家，整天仰首望着多变的天空；没多久他又在银行里找到了工作，想当个金融家；后来他又爱上了音乐，整天拉小提琴，想成为一个音乐家；这时，他的一位哥哥劝他当医生，于是他又学医 4 年。
>
> 一天，拉马克在植物园散步时，遇到了法国著名的思想家、哲学家、文学家卢梭。受卢梭的影响，"朝三暮四"的拉马克，确定了自己的奋斗目标，他用 26 年的时

间，系统地研究了植物学，写出了名著《法国植物志》。后来，他又用 35 年的时间研究了动物学，成为一位著名的博物学家。

世界上许多伟大事业的成就者都是一些资质平平的人，而不是那些表面看起来出类拔萃、多才多艺的人。为什么会出现这种情况呢？其实，在生活中我们处处都可见到这种情况，一些年轻人取得了远远超出他们实际能力的成就。很多人对此疑惑不解：为什么那些看上去智力不及正常孩子一半、在学校里排名末尾的学生却获得了巨大的成功，并在人生的旅途中把我们远远地抛在了后面呢？其实，那些看起来智力平庸的人，往往能够专注于某一领域、某一事业，并长期耕耘不辍，最终实现自己的目标；而那些所谓的智力超群、才华横溢的人，总是喜欢毫无目的地四处游荡，等到蓦然回首时，仍旧一无所有。

文学大师歌德曾这样劝告他的学生："一个人不能骑两匹马，骑上这匹，就要丢掉那匹，聪明人会把凡是分散精力的要求置之度外，只专心致志地去学一门，学一门就要把它学好。"鲁迅也说："若专门搞一门，写小说写十年，做诗做十年，学画画学十年，总有成功的。"

纵览古今中外，凡杰出者，无一不是具备超常的专注力。

法布尔为了观察昆虫的习性，常达到废寝忘食的地步。有一天，他大清早就俯在一块石头旁。几个村妇早晨去摘葡萄时看见法布尔，到黄昏收工时，她们仍然看到他伏在那儿，她们实在不明白："他花一天工夫，怎么就只看着一块石头，简直中了邪！"其实，为了观察昆虫的习性，法布尔不知花去了多少个日日夜夜。数学家陈景润数十年如一日地研究"哥德巴赫猜想"。清代著名画家郑板桥，作画 50 余年，始终"咬定青山不放松"，专画兰竹，不画他物，终于成为擅画兰竹的高手。还有徐悲鸿擅画马，齐白石擅画虾，黄胄擅画驴，而古人唐伯虎拿手的则是仕女画。画猫专家曹今奇，从八岁起学画，专画猫，他画的猫曾在中国大陆首屈一指，连许多国外商人也向他高价订购"猫画"。如果他们想行行拿状元，恐怕只能是白白浪费时间。

那么，男孩怎么才能培养专注的习惯，克服"今天想干这个，明天想干那个"的朝三暮四的毛病呢？家长可以提出以下几点建议供男孩借鉴：

第一，找到真正的兴趣所在。兴趣，是推动学习的重要内在动机，往往可以决定一个人一生的道路。有了兴趣，男孩才可能废寝忘食，全神贯注地去做。

第二，不要因一时不出成效而动摇。许多男孩一心想学有所成，这种心情是可以理解的。但过于急切地盼望成功，则容易走向反面。

第三，不要为别的有趣的事物诱惑。无论学习还是做事，最忌精神不集中，而白白浪费了许多时间。正确的做法是认准自己的目标，心无旁骛地努力。

第四，不要怕艰辛，要舍得吃苦。有些人对爱因斯坦在物理学领域的杰出贡献羡慕不已，却很少琢磨他床下几麻袋的演算稿纸；有些人对 NBA 球员的声誉津津乐道，却很少去想他们每人究竟洒下了多少汗水。因此，千万不要光羡慕别人的成果，要准备下些苦功才行。

第五，控制自己的情绪、心态。男孩应学会尽量少受外界干扰，即便受了干扰，也要及时"收回脑子"，这也是锻炼专注力的一个重要方面。

细节 65　妈妈如何对付坏情绪男孩

"事情怎么会这样呢？真是烦人！""我这次考试没考好，全都怪昨天晚上……""考试题出成这样，老师根本就是在为难我们。""太讨厌了……"这是不是你的孩子经常挂在嘴边的话？

一些男孩在心情不愉快的时候，抱怨的话好像不经过大脑自己就到嘴边了，然后心情就会变得很沮丧。在这样一种精神状态下，不难想象，他犯错误的几率自然要比别人高，许多新的烦恼又在后边等着他，那么他又开始新一轮的抱怨——沮丧——出错——倒霉……

抱怨只是暂时的情绪宣泄，它可做心灵的麻醉剂，但绝不是解救心灵的方法。告诉你的孩子：遇到问题，抱怨是最坏的方法。

罗曼·罗兰说只有将抱怨环境的心情化为上进的力量，才是成功的保证。也有人说，如果一个人青少年时就懂得永不抱怨的价值，那实在是一个良好而明智的开端。绝大部分男孩还没修炼到此种境界，那么最好让他们记住下面的话：如果事情没有做好，就千万不要为抱怨找借口。

古人云：人生之事，不顺者十之八九，常想一二。这句话的意思是说人活在世上，十件事中有八九件都会使人不顺心，但要常去想那一两件使人开心的事。每个人都会遇到烦恼，明智的人会一笑了之，因为有些事是不可避免的，有些事是无力改变的，有些事情是无法预测的。能补救的应该尽力补救；无法改变的就坦然面对，调整好自己的心态去做该做的事情。

> 一名飞行员在太平洋上独自漂流了 20 多天才回到陆地，有人问他，从那次历险中他得到的最大教训是什么。他毫不犹豫地说："那次经历给我的最大教训就是，只要还有饭吃，有水喝，你就不该再抱怨生活。"

人的一生总会遇到各种各样的不幸，但快乐的人却不会将这些装在心里，他们没有忧虑。所以，快乐是什么？快乐就是珍惜已拥有的一切，知足常乐。而抱怨是什么？抱怨就像烟头烫破一个气球一样，让别人和自己泄气。

抱怨属人之常情。"居长安，大不易"，难道不许别人说一说苦闷吗？然而，抱怨之不可取在于：你抱怨，等于你往自己的鞋子里倒水，使行路更难。困难是一回事，抱怨是另一回事。抱怨的人认为自己是强者，只是社会太不公平，如同全世界的人合伙破坏他的成功，这就可能把事情的因果关系弄颠倒了。

喜欢抱怨的人在抱怨之后，心情非但没变轻松，反而变得更糟，怀里的石头不但没减少，反而增多了。常言说，放下就是快乐。这也包括放下抱怨，因为它是心里很重而又无价值的东西。

人们所以倾心于那些乐观的人，是倾心他们表现出的超然。生活需要的信心、勇气和信仰，乐观的人都具备。他们在自己获益的同时，又感染着别人。人们和乐观　包括豁达、坚韧、沉着的人交往，会觉得困难从来不是生活的障碍，而是勇气的陪衬。和乐观的人在一起，自己也就得到了乐观。

家长要让男孩明白，抱怨失去的不仅是勇气，还有朋友。谁都恐惧牢骚满腹的人，怕自己受到传染。失去了勇气和朋友，人生变得很难，所以抱怨的人继续抱怨。他们不知道，人生有许多简单的方法可以拨乱反正，闭嘴是其中的真谛之一。许多人都抱怨过处境的繁难，发现无济于事之后便缄口了。抱怨相当于赤脚在石子路上行走，而乐观是一双结结实实的靴子。

让总是抱怨自己倒霉的男孩，不要用沉重的欲望迷惑自己，不要总是看到他还不曾拥有的东西，而要静下心来，放下心灵的负担，仔细品味他已拥有的一切。学会欣赏自己的每一次成功、每一份拥有，男孩就会发现，自己竟会有那么多值得别人羡慕的地方，幸福之神已在向他频频招手。

建议一：帮助男孩克服厌学心态

不知道什么时候开始，刘晨觉得每天都只是在做一件事：学习，学习，还是学习。每天的生活也似乎变成了三点一线的简单重复：课堂，食堂和寝室。

英语课开始，打开英语教科书，老师开始讲一堆英语语法点，带读课文，然后做练习，再讲解；轮到数学课，打开数学教科书，老师又灌输一大堆数学公式，然后是似乎总不会完结的应用题，做题，再讲解；再到语文课，打开语文教科书，老师写了一堆不认识的汉字——刘晨就不明白，为什么从小学学到现在一直有不认识的字，怎么也学不完？然后讲解段落大意，揣测作者的写作意图（天啊，他/她为什么要这么写关我什么事），总结中心思想，布置作文，自己写……

刘晨感觉自己很像个重复作业的机器，不明白这样做有什么意义，也不知道这个机器的零件哪天就要坏掉，停止不走；真是讨厌这样没有目标，没有方向，不知所谓的学习啊！

更糟糕的是，之前制订的学习计划和目标一直完成不了。上次月考的成绩又出来了，刘晨的名次不但没有提前，反而落后了。这可怎么办啊？

刘晨越来越不想学习了。他甚至想，我是不是智力比别人低？还是根本不适合学校的学习生活啊？

刘晨现在的状态，有个专门的名称：厌学。

厌学是个很普遍的现象，男孩和家长用不着担心是智力出现了问题，因为厌学和智力水平是没有关系的。也就是说，如果男孩出现了这种厌学的情绪，不是他不聪明，不适合学校的学习，相反，如果能像刘晨这样思考问题，反倒证明了男孩的智力水平没有问题，因为他懂得了反思，懂得去思考学习的意义，只是因为一时没有找到答案而苦恼。

总的来说，厌学的原因有两类：内在原因和外在原因。内在原因常常是由于男孩在学习过程中的消极情绪体验和自我认识存在偏差；而外在原因则往往是社会、学校、家庭等外部环境的不良影响。

无论是哪个年级的哪个班，班里多多少少都会有一些厌学的学生。他们日常表现为对学习失去兴趣；不认真听课，不完成作业，怕考试；甚至恨书、恨老师、恨学校，旷课逃学；严重的还发展到当老师在课堂上管教他时，他会公然地反抗甚至辱骂、殴打老师。孩子会出现这种情况，除了对为什么要学习这个问题求而不解产生厌学外，还因为自己制定的学习目标短期内得不到实现，产生了焦虑情绪，所以进一步加重了厌学的想法。

那么，又该怎样消除厌学情绪呢？

首先，家长应该引导男孩找到学习的乐趣。因为，假如学习是男孩的乐趣所在，那学习的意义就是乐趣。假如男孩认为它是负担，那它就变成了负担。

关键是男孩自己怎么认为的。家长要告诉孩子，学习相对于游戏而言，确实是一件枯燥的事情，可是绝不是他想象的枯燥而无意义的重复。要知道：知识在于积累。在青少年时期，有了对各科知识的日复一日的慢慢积累，才有日后对知识的应用和创新，才有可能成为对社会有用的人才，也才有可能实现自己的梦想。

再说男孩成绩不进反退的事情。问问孩子，他虽然订好了计划，可是有没有切实地按计划执行呢？就算他按计划执行，认为自己很努力了，可是排名还是在往后掉的话，他有没有想过，别人也许比他更努力？

学习有时候会出现"高原效应"，也就是说有一段时间学习看上去进步很慢，甚至几乎停滞不前。处于高原效应的学生有的在很短的时间内，比如一两周，就能走出来，有的则要很长，甚至要一两年。这个视个人情况而定。告诉男孩不要害怕，暂时性的退步，不代表什么，也不意味着他就进入可怕的一两年的"高原效应"了，更不能因此而产生厌学心理。

引导孩子想想：反正也要学，怀着高兴的心情也是学，怀着厌恶的心情也是学，为什么不怀着高兴的心情学呢？而且，就算出现了学习上的"高原效应"，只要调整计划，放松心情，然后切实地坚持计划，那么走出"高原效应"的时间不会很长。男孩一旦渡过了这个难关，成绩将会更上一个台阶！

建议二：教男孩不抱怨

在成长的过程中，很多男孩因为遭受来自社会、家庭的议论、否定、批评和打击，奋发向上的热情便慢慢冷却，逐渐丧失了信心和勇气，对失败惶恐不安，变得懦弱、狭隘、自卑、孤僻、害怕承担责任、不思进取、不敢拼搏，每天伴随他们的，不是意气风发的成长，而是喋喋不休地抱怨。他们不是输给了外界压力，而是输给了自己。很多时候，阻挡男孩成长的不是别人，而是男孩自己。

因为怕跌倒，所以走得胆战心惊、亦步亦趋；因为怕受伤害，所以把自己裹得严严实实。殊不知，孩子们在封闭自己的同时，也封闭了自己的人生。

世界上最难攻破的不是那些坚固的城堡和城池，而是自己为自己编织的"心理牢笼"。因此，我们要想走上成功的道路，摆脱不顺的现状，必须勇敢地冲出"心理牢笼"。

一个人在他25岁时因为被人陷害，在牢房里待了10年。后来沉冤昭雪，他终于走出了监狱。出狱后，他开始了几年如一日的反复控诉、咒骂："我真不幸，在最年轻有为的时候竟遭受冤屈，在监狱度过本应最美好的一段时光。那样的监狱简直不是人居住的地方，狭窄得连转身都困难，唯一的细小窗口里几乎看不到阳光；冬天寒冷难忍，夏天蚊虫叮咬……真不明白，上帝为什么不惩罚那个陷害我的家伙，即使将他千刀万剐，也难解我心头之恨啊！"75岁那年，在贫病交加中，他终于卧床不起。弥留之际，牧师来到他的床边："可怜的孩子，去天堂之前，忏悔你在人世间的一切罪恶吧……"

牧师的话音刚落，病床上的他声嘶力竭地叫喊起来："我没有什么需要忏悔，我需要的是诅咒，诅咒那些造成我不幸命运的人……"

牧师问："您因受冤屈在监狱待了多少年？离开监狱后又生活了多少年？"他恶狠狠地将数字告诉了牧师。

牧师长叹了一口气："可怜的人，你真是世上最不幸的人，对你的不幸，我真的感到万分同情和悲痛！他人囚禁了你区区10年，而当你走出监牢本应获取永久自由的时候，你却用心底里的仇恨、抱怨、诅咒囚禁了自己整整 50 年！"

现实生活中，有不少人和故事中的人一样，不停地抱怨，给自己编织"心理牢笼"：别人做得不对，就一味地诅咒、仇恨；自己做错了一丁点事情，就念念不忘，责备自己的过失；有些人总是唠叨自己的坎坷往事、身体疾病，或抱怨自己的不平待遇和生活苦难；有些人还喜欢用自己不懂的事情塞满自己的脑袋，把一些不相干的事与自己联系在一起，造成了心理障碍。殊不知，那些过去的往事、不平的经历，甚或想不明白的事情，一味地责怪和抱怨是于事无补的。如果总是对想不通、想不开的事情患得患失，就很容易使自己失去判断能力，最后被囚禁的就是自己的整个人生。

人的心理牢笼千奇百怪、五花八门，但它们都有一个共同的特点，那就是这些所谓的"心理牢笼"都是人自己营造的。时间一长，个人就会不知不觉地把自己囚禁在"心狱"之中，就像故事中的那个可怜的人那样，至死都被囚禁在无尽的怨恨当中，哪还有时间去追求丰富多彩的人生呢？

一个渴望有所成就的男孩，必须走出自己的"心狱"。正如一位哲人所说："世界上没有跨越不了的事，只有无法逾越的心。"心中有"牢笼"，便限制了人潜质的发挥。所以，要想开放自己的人生，取得骄人的成绩，关键在于冲出"心理牢笼"。

那些给自己编织"牢笼"的男孩，他们日复一日在迷宫般的、无法预测又乏人指引的茫茫人生中损坏了"罗盘"，这坏掉的罗盘可能是扭曲的是非感，或蒙蔽的价值观，或自私自利的意图，或是未设定的目标，或是无法分辨轻重缓急，简直不胜枚举。家长要帮助孩子保护好人生罗盘，维持正确的航线，不被沿路上意想不到的障碍困住，坚定地向前行进，最终轻松而顺利地抵达终点。

有句话这样说："自己把自己说服了，是一种理智的胜利；自己被自己感动了，是一种心灵的升华；自己把自己征服了，是一种人生的成熟。大凡说服了、感动了、征服了自己的人可以凭借潜能的力量征服一切挫折、痛苦和不幸。"其实，许多男孩的悲哀不在于他们运气不好，而在于他们总爱给自己设定许多条条框框，这种条框限制了他们想象的空间和奋进的勇气，模糊了他们前行的航向和人生的追求。他们一天到晚不停抱怨，心上其实已经套上了可怕的枷锁，注定碌碌无为。

因此，父母应告诉男孩停止抱怨，冲出自己编织的"心理牢笼"，多一点超越，多一点豁达，生活就会不一样。

细节66 教男孩不要盲目扩大自己的愤怒

正在上四年级的鹤轩有一次忘了把新来的老师发的数学试卷带回家，他急坏了，这可是今天的作业啊，一定要完成的。突然，他想了一个办法，去找楼下的彬彬，借来他的卷子，把上面的习题誊抄到本子上，然后做完它。这并不是一件轻松的事，他足足花了一个半小时才抄完习题，然后又花了同样的时间做完试题。他本以为像他这么认真，老师肯定会夸他的，可是没想到的是，当第二天上数学课时，老师看到他的卷子，当着很多同学的面，狠狠地批评了他。老师认为他是没把作业当回事才忘了把卷子拿回家，誊写是因为有的题不会想看看别人的。

这件事使得鹤轩很长时间对这位数学老师怀恨在心。他开始经常在这个数学老师的课上捣乱，不听讲，屡次顶撞老师，甚至经常向别的同学散播数学老师的谣言。在他看来这个数学老师简直一无是处，长得丑，讲课不好，人品不好，还很"笨"。

其实数学老师当天批评他后，心里挺后悔的，她觉得自己的做法很不对，在以后的日子里，总是试图去弥补，可是鹤轩哪里领情，他是认定了这个老师不是好人。老师让他回答问题，他认为是想故意为难他；给他看作业，他认为是故意想找他的错；让他来黑板上写数学公式，他认为是想嘲弄他……后来，因为对老师的抵触，他的数学成绩也越来越差了。

鹤轩以自己的心去推测老师，因为他对老师有意见，便推测老师也是这样，总想处处为难他，这种心理是明显的"投射心理"。所谓的"投射心理"，也就是指将自己的特点归因到其他人身上的倾向。在人际认知过程中，常常假设他人与自己具有相同的属性、爱好或倾向等，常常认为别人理所当然地知道自己心中的想法。以己度人，把自己的感情、意志、特性投射到他人身上。

心理学家罗斯曾做过一个实验来研究投射心理：在80名参加实验的大学生中征求意见，问他们谁愿意背着一大块牌子在校园里走。结果，48名大学生同意背牌子在校园内走动，并且认为大部分学生都会乐意背，而拒绝背牌的学生则普遍认为，只有少数学生愿意背。可见，这些学生将自己的态度投射到其他学生身上。

投射使人们倾向于按照自己是什么样的人来知觉他人，而不是按照真实的客观情况来认知别人。比如，一个心地善良的人会以为别人也都像他一样善良；一个喜欢嫉妒的人会认为别人也总在嫉妒他。

正处于成长阶段的男孩们，其实是很容易出现投射心理的，他们总是习惯于理所当然地认识周围的人，自己的态度不好，也会把这种态度投射到自己不喜欢的人身上。

男孩如果总是用"投射心理"来认识周围的同学和老师，极容易出现认知的偏差。导致人际关系出现紧张。在平时，父母要给他灌输一种辩证地、一分为二地去看待自己和别人的思想。跳出事情，站在旁观者的角度来重新审视。

建议一：聪明的妈妈懂得为男孩隐藏的压力"排雷"

比利刚当上公司技术部的经理，接受一个客户的邀请共进晚餐。在饭桌上，客户对比利说："只要你把公司里最新产品的数据资料给我，我会给你很好的回报，怎么样？"

比利站了起来，气得满脸通红："不要再说了，这样做是不可以的！我不会出卖我的良心做这种见不得人的事，这个要求我没有办法答应你。"

"好，好，好。"客户不但没生气，反而颇为欣赏地拍拍比利的肩膀，"这事儿就当我没说过。来，干杯！"

不久，发生了一件令比利很难过的事，他所在的公司因经营不善破产了。比利失业了。正在他为生计发愁之时，突然接到客户的电话，客户邀请他来自己的公司一趟。

比利疑惑地来到那家公司，他以为上次在饭桌上已经得罪了客户，不知道这次这位客户葫芦里卖的是什么药。出乎意料的是，客户热情地接待了他，并且拿出一张大红聘书——请比利到他公司做技术顾问。

比利惊呆了："你为什么会雇佣我？"

客户哈哈一笑说："小伙子，你的技术水平是出了名的，你的正直更让我佩服，你是值得我信任的那种人！"

原来，正是比利在饭桌上"得罪"客户的行为，让客户真正看清了他的正直人品，也让比利幸运地得到了新工作。

有些男孩步入社会时，常常错误地认为一个人的信用是建立在金钱基础上的。一个有钱有势的人不一定有信用，因为再雄厚的资本也不等于信用。与百万财富比起来，高尚的品格、精明的才干、吃苦耐劳的精神要高贵得多。

假如一个男孩禁不起金钱的诱惑，其生命、道德，就掌握在金钱的手中；禁不起名利的诱惑，其生命、道德，就会掌握在名利的手中。假如禁不起爱情的诱惑，其生命、道德，就会掌握在爱情的手中；假如禁不起甜言蜜语、富贵荣华的诱惑，就会迷失在世间的诱惑里。

故事里的比利正是因为抵制住了诱惑，坚守内心的正义，没有把原来公司的数据泄露出去，才有了在失业后迅速得到新工作的机会。在任何时候，我们都要教导男孩做一个正直的人，应该凭借自己的良心和道德标准来办事，辨清是非曲折。不要为了一时的诱惑和利益而丧失道德。做一个正直的人，依照道德准则去办事，才能让我们不被眼前的一点小利益所诱惑，成就一生的长远大计。

建议二：告诉男孩"你可以调动情绪，你就可以调动一切"

美国前总统布什说："你能调动情绪，就能调动一切！"1990年，一个心理学概念的提出在世界范围内掀起了一场人类智能的革命，并引起了人们旷日持久的讨论，这就是美国心理学家彼得·塞拉维和约翰·梅耶提出的情商概念。

情商（EQ）又称情绪智力，是近年来心理学家们提出的与智力和智商相对应的概念。它主要是指人在情绪、情感、意志、耐受挫折等方面的品质。总的来讲，人与人之间的情商并无明显的先天差别，更多与后天的培养息息相关。

长期以来，人们将智商视为人生成败的决定因素，并将它作为衡量个人能力的主要指标。近百年间，研究者设计出五花八门的智商测试方法，接受各种测试的人也数以亿计。尽管研究规模如此巨大，耗时如此之长，但还是有不少人提出了疑问：智商高的人真的比普通人能力更强吗？

有一个叫威廉·宾德的人，自一出世，他父亲就采用各种手段开发其智力，因为父亲想让他成为世界上最聪明的人。3 岁时他就能用本国语言自由阅读和书写，在当地可谓是神童，4 岁写出了 3 篇 500 字的文章，6 岁写了一篇解剖学论文。他就像一个金矿一样，被他父亲开采着，"聪明"是他唯一的代名词。

小学入学的当天上午他被编入一年级，中午母亲去接他时，他已经是三年级的学生了。他 8 岁上中学，11 岁进入哈佛大学。由此可以看出，宾德的脑子足够聪明，智商不可谓不高。他是众多学子羡慕的对象，但是他后来的求职经历与他的高智商完全不相衬，最后他离家出走，在一家商店当店员，一生碌碌无为。

很多人对此感到不解。细心的人们应该还能够回忆起类似于清华大学高才生刘海洋泼熊事件，不绝于耳畔的许多国内高等学府的学生因不堪各种压力跳楼自杀，因一点小事而愤然用刀砍死同学……太多的天之骄子的言行让人们震惊，人们从此开始寻找问题背后深层的原因。

难道是这些学生不够聪明？还是他们不能意识到问题的严重性？其实这些问题的根源不在于他们的智商，而是他们不懂得控制自己的情绪，于是愤然失控；不知晓调整自己的心理状态，于是在面对人生逆境之时选择了走向极端，甚至结束自己的生命。

虽然他们有很高的智商，但他们的情商却非常低，可见情商对于一个人的重要性。

情商不同于智商，它不是与生俱来的，而是由 5 种可以学习的能力组成的。

1. 了解自己的情绪的能力。能立刻察觉出自己的情绪，并从中找出情绪产生的原因。

2. 控制自己的情绪的能力。能够安慰自己，感知自己，从而摆脱强烈的焦虑忧郁以及控制刺激情绪的根源。

3. 自我激励的能力。能够及时地整顿情绪，让自己朝着一定的目标去努力，去奋斗，从而增强注意力与创造力，从平凡走向成功。

4. 了解别人、认知别人情绪的能力。能充分地感知别人的情绪并影响对方。

5. 维系并融洽人际关系的能力。

情商与人们的生活、工作息息相关，一个高情商的男孩在学业上容易出类拔萃，走上社会后工作上易于成功，婚姻中易产生幸福感，人际关系如鱼得水。情商是一种能力，是一种创造，更是一种沟通技巧。既然是技巧那么就有规律可循，就能掌握，就能熟能生巧。只要男孩多点机智，多点磨炼，多点感情投资，也会像"情商高手"一样，营造一个有利于自己生存的宽松环境，建立一个属于自己的交际圈，创造一个更好地发挥自己才能的空间。

细节 67　帮助男孩化解负面情绪

美国自然科学家、作家杜利奥曾经提出过这样一条心理定律：没有什么比失去热忱更可怕，一旦失去热忱，人便垂垂老矣。人的精神状态不佳，一切都将处于不佳状态。人们将这条定律称作"杜利奥定律"。

它揭示了一个本质性的问题：人与人之间只有很小的差异，但这种很小的差异却往往造成了巨大的差异！很小的差异就是所具备的情绪是积极的还是消极的，巨大的差异就是成功与失败。

男孩的心理是极敏感也是极脆弱的，作为家长，你平时有没有注意观察孩子的情绪变化和心理状态？

情绪在儿童心理活动中具有很强的动机作用。情绪是心理活动的伴随现象，在人类心理活动中的作用是其他心理过程所不能代替的。简单地说，情绪是人类认识和行为的唤起者和组织者。简单说，心情不好，状态不佳的时候，人是不会主动去做很多事情的。男孩也是一样，甚至比大人更敏感，更容易受到情绪的摆布。男孩如果能够把自己所做的事当成了一件快乐的事，那么他就会积极主动地去完成。而如果是被动地去执行，尽管有惩罚的威胁，但作用不大。

对于父母来说，使男孩保持乐观的情绪状态是很重要的。父母在培养、教育男孩时应该以身作则，或者用其他方法来教育、引导孩子拥有一颗快乐、乐观的心，让孩子成为一个开朗的人。

家长应该尽可能地保持一种积极的情绪状态，可以在家中讲笑话，增添家庭的快乐气氛。要知道家长这种积极心理现象可以促使男孩乐观积极、奋发向上。引导、教育孩子以乐观、积极的态度去面对一切，不仅需要各种活生生的事例让孩子心悦诚服，也需要父母自身能够以平静的心态对待一切。只有开心的父母，才会有快乐的孩子。

建议一：无边的绝望来自哪里

心理学家塞利格曼和梅尔做过这样一个实验：首先将一条狗放入一个笼子里，笼子底是用金属制作，将笼子用隔板一分为二，在狗所站的一侧通上电流，狗在受到电击后，只要跳到无电的另一侧，就可不受电击。一次次重复后，狗就学会了在遭到电击时跳过隔板。后来实验者将狗约束住，放到通有电流的一侧，一次次给予电击，狗虽然想挣脱却无能为力。再到后来，实验者将狗的约束解除，放入笼内，再给予电击，结果发现，狗不再试图跳过隔板，而只是在笼子里来回跑动，或不停地呻吟，无所作为，一直等到电击消失为止。狗在多次受到挫折以后，产生消极认识，进而感到无助和绝望，并逐渐失去了与命运、挫折抗争的心理。

塞利格曼从这个条件反射实验中提出"习得性无助"的理论。心理学研究表明，"习得性无助感"不但会发生在动物身上，在人身上也同样会发生。当人长期遭受失败与挫折时（如学习成绩差、升学考试失败、失恋、不良人际关系，甚至身患不治之症，等等），如果总是不能突围这种困境，他们会产生绝望的体验，最终对自己和人生彻底失望。

自从进入市重点高中以后，王浩就开始讨厌学习。

其实，王浩在中学和小学时学习很好，经常在班上名列前茅，可自从进入市重点高中以后，王浩发现，班上的同学个个都很强，开学不久的一次考试将王浩推进了深渊。那次考试，他竟然有两门不及格，就连他最拿手的数学也只考了 70 分，这无疑是给了他当头一棒。

那次考试之后，他曾暗下决心，要努力学习，迎头赶上。但期中考试之后，他彻底绝望了，因为他又有两科不及格，总成绩也不高。班主任为此还专门找他谈了话，将他批评了一顿，班主任认为是他没有用功学习。其实，他已经很努力了，只是不知为什么成绩总上不去。之后，他索性破罐子破摔，经常不写作业，上课也不好好听讲……他看不到自己的未来，他不知道自己以后能干什么……

其实，王浩此时体验到的就是"习得性无助感"，学业上频频失利使他产生了消极的认识，他曾经的"辉煌"都被现在的失利吞噬了。他否定了自己的能力，看不到自己的未来。

导致孩子"习得性无助"的原因多是教师和家长对孩子提出过高的要求。孩子即使再努力，都无法达到他们的要求，并且无论如何也会受到此类的批评和指责，如："这孩子不用功。""还是没有发挥出水平。""怎么这么笨？""你怎么总不如某某学习好？"这样，久而久之，就会给孩子造成一种错觉："我永远都不会成功，我又何必努力呢？"孩子就会失去信心，变得茫然，进而会觉得自己是一个废物。这时，孩子的"习得性无助"已经形成了。

不管男孩的成绩、美丑、过去，现在都要给孩子注入一种爱，用爱的力量温暖男孩的心灵。在孩子失落的时候，孤立无助的时候，至少让他们感到：这个世界上还有爸爸妈妈爱着我，这无疑会使孩子在情感上获得重生的力量。

父母的话语对于男孩来说，具有很强的权威性，男孩经常对父母的话深信不疑。因此，永远不要说"你不行""你真笨""你不如某某"之类的话语。永远不要在孩子的伤口上撒盐。无论是怎样的男孩，你都要与其进行善意而有爱心的对话，使他们尽快摆脱"习得性无助"，振奋精神，继续上路。

建议二：不要让男孩的妒忌成为一种病

嫉妒是每个人都有过的一种情绪体验，它是人们普遍存在的一种心理。嫉妒心理是一种负面情绪，是指自己的才能、名誉、地位或境遇被他人超越，或彼此距离缩短时所产生的一种由羞愧、愤怒、怨恨等组成的多种情绪体验。它是有明显的敌意，给人际关系造成极大的障碍。有时，明知道是嫉妒，是不应该的，却无法消除。地位相似、年龄相仿、经历相近的人之间容易产生嫉妒心理。

雷凡和左安小学时就是形影不离的好朋友。两个小伙伴更是整天在一起玩，晚上放学后也一起写作业，有了喜欢的东西也喜欢和对方分享。

但最近，妈妈发现，雷凡对左安有些反感，最近一直没理左安，妈妈感到很奇怪。

这天放学后，电话响了，妈妈接起来后，是左安打来找雷凡一起出去玩的。

"雷凡，左安叫你一起出去玩。"妈妈叫雷凡接电话。

"我不去，就说我正在写作业呢。"雷凡闷闷地说。

"雷凡，你怎么了？"妈妈握着电话不知道该怎么说。

"我都说了不去了，真烦。"

"对不起啊，左安，雷凡他有点不舒服，今天就不去找你玩了，明天让他过去找你好吗？"妈妈只好这样告诉左安。

放下电话后，妈妈问儿子："你怎么不理左安了，你们不是好朋友吗？"

"没有呀，只是我今天心情不好。"

晚上吃晚饭时，爸爸说："雷凡，听说左安被评为'市三好学生'了，怎么没听你说过啊？"雷凡突然就放下了碗筷，一脸不服气："哼，那有什么了不起的！真是的，有了一点点的成绩就到处炫耀……"

妈妈忽然明白了，怪不得雷凡最近不理左安呢，原来左安被评为了"市三好学生"，而雷凡却与此无缘。多年的好朋友之间出现了不平等，于是雷凡因为嫉妒，而不愿意与左安交往了。

希腊著名心理学家乔治·卡纳卡基斯说："其实嫉妒是一种十分自然的反应，每个孩子都会嫉妒。"孩子的嫉妒心理从很小的时候就会有所反映，有人做过实验，15 个月的孩子，如果妈妈当着他的面抱别的孩子，他就会有所反应，非要让妈妈放下别人抱自己，并紧紧搂住妈妈，好像在说："这是我的妈妈，不是你的。"

生活中我们发现，好多种情况都能使男孩产生嫉妒心：比如，妈妈夸赞别的小朋友，自家的孩子就会嫉妒。如果别的小朋友有一个好看的变形金刚，自己没有，心里就会不好受。

可以说，嫉妒在每个男孩身上，都有程度不同的反应。而现在家长对孩子的娇惯，更助长了嫉妒这种心理。嫉妒已成为一种愈来愈严重的通病。

男孩对他人拥有的自己不具备或得不到的东西，往往会产生一种由羡慕转化为嫉妒的心理，这是很正常的现象。父母平时应该多和男孩接触交流，及时掌握孩子的心理变化，了解孩子嫉妒的直接起因，耐心倾听孩子的心理感受。要知道，孩子的嫉妒是直观、真实甚至自然的，它完全不像成年人那样掺杂着许多其他的社会因素，它只是孩子们对自己愿望不能实现而产生的一种本能的心理反应。

因此，当男孩显露出其嫉妒心时，作为家长，千万不要严加批评指责，而是倾听，理解他的愤怒、不安、烦躁等不良情绪。在男孩倾诉完之后，要为他正确分析与他人产生差距的原因。积极寻找缩短差距的途径和方法，以便使男孩能正确与他人进行比较，以积极的方式缩短实际存在的差距，最终化解内心的不平衡。

建议三：告诉男孩今日的恐惧是昨日的映照

恐惧心理是指人在真实或虚幻的危险中，深刻感受到的一种强烈而压抑的情感状态。通常表现为：神经高度紧张，容易冲动，内心充满害怕，注意力分散，不能正确判断和控制自己的举止。

芮恒今年上小学四年级。当春天百花盛开时，他的情绪就会非常低落，因为他对花有一种莫名其妙的恐惧。

这种恐惧心理的产生可以追溯到他小时候。他七个月时，母亲抱着他去亲戚家参加婚礼，刚进新房，院里响起了鞭炮声，一只小花猫蹿上桌子，把插着花的花瓶碰倒在地上。见此情景，芮恒非常害怕，大哭起来。十个月时，奶奶抱他在院子里玩，一走近院里种的牡丹花他就大哭起来。一岁时，又带他去串门，发现他一看见别人家床单上的花卉图案就放声大哭。家里人这才意识到芮恒怕花，但并未引起家人的重视。

但是，随着年龄的增长，他对花的惧怕程度不但没减轻反而更加严重了。四岁时，他和院里的一群孩子跟在出殡的队伍后面看热闹，当他发现棺材上的大白花时，立刻转身没命地往家里跑，跑到家里已经面无血色了。

后来发展到无论是布上、纸上的花卉图案，还是纸花、塑料花、鲜花，他都怕得不得了。就连路边的鲜花对他来说都是件可怕的事，时间一长，同学们都知道他怕花，常跟他开玩笑，故意往他身上扔花，经常吓得他面色苍白，手脚冰凉，甚至上课时他总是东张西望，唯恐窗外有人把花扔进来掉在他身上。

恐惧其实来自过去的经历。俗话说："一朝被蛇咬，十年怕井绳。"人在过去受过某种刺激，大脑中形成了一个兴奋点，当再遇到同样的情景时，过去的经验被唤起，就会产生恐惧感。恐惧心理还与人的性格有关，一般害羞、胆小孤独、内向的人，易产生恐惧感。

每个人都有害怕和恐惧的经历，男孩也是一样。恐惧是男孩在心理发展过程中普遍存在的一种情绪体验，男孩的各种恐惧，都是成长过程中必然伴有的现象。许多恐惧不经任何处理，随着年龄增长均会自行消失。但是，这并不意味着这些恐惧就无关紧要。正如上文中的芮恒，由于父母没有重视孩子的恐惧心理，芮恒在成长过程中也没有发现克服恐惧的方法，因此最初的恐惧心理变成一种心理疾病：恐惧症。患这种症状的孩子惧怕的内容比较稳定，持续的时间较长，不易随环境、年龄的变化而消失。孩子会由于恐惧产生回避或退缩行为，严重影响他的正常生活和学习。

成人和儿童的世界是截然不同的，父母不要以成人的想法代替孩子的认识。也许你认为并不神秘，也不害怕的东西，在孩子看来是非常恐怖的事物。家长认为看"恐怖片"无所谓，可在想象力丰富的孩子看来，无异于一场可怕的"亲身经历"。

当然，成长中的孩子不可避免地接触"怕"的事物。"怕"是认知的前奏，了解得多了，对这个世界的认知能力提高了，自然也就不害怕了。父母可以结合男孩的年龄，来帮助孩子认识"怕"的东西，在平时的训练和生活中有意识地培养勇敢的品质，并逐渐淡化"怕"的内容。

如果男孩的恐惧感非常强烈而且逐步升级，影响到其性格与行为时，就应带他去看心理医生。

细节68　怎样培养男孩的"阳光心态"

在美国有一位颇负盛名，被称为传奇人物的教练——伍登。他在全美12年的篮球年赛当中，替加州大学洛杉矶分校赢得10次全国总冠军。如此辉煌的成绩，使伍登成为大家公认的有史以来最称职的篮球教练之一。

曾经有记者问他："伍登教练，你在赛场上总是精力充沛，是什么力量支持你取得今天这么辉煌的成就呢？"

伍登很愉快地回答："每天我在睡觉以前，都会提起精神告诉自己：我今天的表现非常好，而且明天的表现会更好！"

"就只有这么简短的一句话吗？"记者有些不敢相信。

伍登坚定地回答："简短的一句话？这句话我可是坚持了20年！重点和简短与否没关系，关键是在于你有没有持续去做，如果无法持之以恒，就算是长篇大论也毫无帮助。"

伍登那积极与执著的态度不单只是表现在篮球上，他对其他的生活细节也持同样的态度。有一次他与朋友开车到市中心，面对拥挤的车潮，朋友感到不满，继而频频抱怨，伍登却欣喜地说："这里真是个热闹的城市。"

朋友好奇地问："为什么你的想法总是异于常人？"

伍登回答："一点都不奇怪，我是用心中的'眼睛'来看待事情。不管是悲是喜，我的生活中永远都充满机会，这些机会的出现不会因为我的悲或喜而改变。只要用积极的态度去面对生活中的大事小事，我就能够掌握机会，激发更多的潜在力量。"

伍登积极的生活态度给了他生活的激情与工作的动力，让他在收获成功的同时也收获了一种健康的生活方式与生活态度。

但很遗憾的是：在家庭教育中态度往往是父母和孩子所忽略的，其实，积极的态度可以激发人体内最大的"快乐因子"，这可以让我们，也可以让孩子在面对问题的时候保持乐观的心态，在一种无形的力量的牵引下继续向前。在此基础上父母也应该让孩子知道，态度的秘密——它左右着孩子的每一次选择，最终也将决定孩子的一生。

态度是一种力量，可以激发人体内在的潜能。每个男孩的身上都潜伏着巨大的力量，这种能量一旦激发，就会给他们的人生带来无法想象的改变，而态度就是激发这种能量的导火索。一旦男孩们意识到这种力量的存在，并以更加积极的态度运用它，他们就能够改变自己的人生。

无数成功人士的奋斗历程已经验证：成功是由那些抱有积极心态的人所取得的，并由那些以积极的心态努力不懈的人所保持。拥有积极的心态，即使遭遇困难，也可以获得帮助，事事顺心。可见，培养男孩积极的"阳光心态"势在必行。

那么，父母应该怎样培养男孩的这种心态呢？

第一，引导男孩认识自己。很多男孩子都希望找到正确的生活态度与生活方式，拥有快乐的生活。而要拥有这一切，他们迫切需要做好自我分析，因为只有了解自我，才会走好自己的人生之路。当他们弄明白自己所要的前景以及自己的相关条件时，就会努力实现他们的愿望，也就能达到他们所期望的，正所谓"心有多远，你的世界就有多大"。社会心理学家研究发现，善于给自己的生活作出计划的人往往比较勤奋、进取，擅长理性思考，对生命成长的每一个阶段都能谨慎把握，采取正确的生活态度，一般都能主宰自己的命运，成功也自然和他们有缘。但是，所有的一切都因为自己而开始，这足以说明让男孩认识自我有多重要了。

积极的心态要从认识自己开始。你的孩子可能解不出那么多的数学难题或记不住那么多的外文单词、成语，但在处理班级事务方面却有特殊的本领，排解纠纷，有高超的组织能力；你的孩子在物理和化学方面也许差一些，但写小说、诗歌是能手；也许孩子分辨音律的能力不行，但有一双极其灵巧的手……

如此一来，父母让孩子在认识到自己长处的前提下，如果能扬长避短，认准目标，抓紧时间把一门学问刻苦、认真地做下去，久而久之，自然会结出丰硕的成果。相反，如果对自己没有清醒的认识，就不可能用正确的态度去面对学习和生活，就容易导致悲剧的发生。

第二，激发男孩的潜意识。潜意识到底是什么？弗洛伊德有一个十分形象的比喻，人的心灵即意识组成仿佛一座冰山，露出水面的只是其中一小部分，代表意识，而埋藏在水面之下的绝大部分则是潜意识。人的言行举止，只有少部分由意识掌握，其他大部分都由潜意识主宰。

潜意识具有无穷的力量，它隐藏在心灵深处，能够创造魔术般的奇迹。爱默生说："在你我出生之前，在所有的教堂或世界存在之前，潜意识这种神奇的力量就存在了。这是一个伟大的、永恒的真实力量，是生命运动的法则。"

只要你让孩子牢牢抓住这个能改变一切的魔术般的力量，就能够治愈男孩心灵的创伤，愈合他身体的伤痛，摆脱他心中的恐惧、失败、痛苦和沮丧。他们所要做的一切就是将自己的精神、情感与他们所期待的美好愿望结合为一体，富有创造力的潜意识会为他作出安排。"

第三，让行动促使男孩形成积极的态度。父母需要让男孩明白，实际上态度与行为是一种相互作用的关系，态度可以作用于行为，行为还可以反过来作用于态度。如果男孩的态度是乐观的，其行为也会向着积极的方向发展；如果他们的行动是积极主动的，就会大大地促进正确态度的形成。行动能带来回馈和成就感，也能带来喜悦，使他们得到自我满足和快乐；如果他们想寻找快乐，如果他们想发挥潜能，如果他们想获得成功，就必须积极行动，全力以赴地把想法付诸实践。这样才能在行动中养成阳光的心态。

建议一：帮助男孩去掉"忧郁病"

文海今年才15岁，担任学生委员。由于平时学习压力大，而且由于内向又很少有真正交心的朋友，文海这几年来有一种难以言状的苦闷与忧郁感，但又说不出什么原因，总是感到很迷茫，一切都不顺心。即使遇到喜事，他也毫无喜悦的心情。过去回家后常常和父母去看电影、听音乐，但后来就感到一切索然无味。

他深知自己如此长期忧郁愁苦会伤害身体，并且影响家人心情，但又苦于无法解脱，而且还导致睡眠不好、多噩梦及胃口不开。有时他感到很悲观，甚至想一死了之，但对人生又有留恋，有很多放不下的东西，因而下不了决心。

他的父母知道他的忧郁心理比较严重，总是想方设法讨他欢心，经常和他谈心，陪他听音乐，给他讲一些幽默笑话……可是没什么效果。文海很容易因为天气的变化而伤感，太阳好的时候他总是怕阴天，阴天的时候总是怕太阳不出来。

同学们见他总是这么的多愁善感，还总是写一些很忧郁的文章来表达他的心情，于是送给了他一个绰号，"忧郁诗人"。

人们都认为忧郁是一种高贵的精神品性，是一个良知者应有的文化基调，故在美学和哲学上都具有不可估量的意义与价值。从美学上看，忧郁情结同浪漫的悲剧感休戚相关。朱光潜说："浪漫主义作家突出的特点之一是热衷于忧郁的情调，叔本华和尼采的悲观哲学可以说就是为这种倾向解说和辩护。"他在《悲剧心理学》中系统阐释了忧郁的美学意味，并令人信服地论证了它的合理性："忧郁是一般诗中占主要成分的情调。""……在忧郁情调当中有一种令人愉快的意味。这种意味使他们自觉高贵而且优越，并为他们显出生活的阴暗面中一种神秘的光彩。于是，他们得以化失败为胜利，把忧郁当成一种崇拜对象。"

　　但是忧郁这种气质在心理学上是一种病态心理，也就是人们常说的抑郁症。很显然，故事中的文海是被抑郁"缠上了"。

　　抑郁心理是以心境低落为主，与处境不相称，可以从闷闷不乐到悲痛欲绝，甚至发生木僵。期间常常伴有厌恶、痛苦、羞愧、自卑等情绪，严重者可出现幻觉、妄想等精神病性症状。对大多数人来说，抑郁只是偶尔出现，历时很短，时过境迁，很快就会消失。但对有些人来说，则会经常地、迅速地陷入抑郁的状态而不能自拔。

　　然而，在多数人眼中，抑郁仿佛永远在他处，与己无关。事实并非如此，据世界卫生组织估计，几乎每 30 个人当中，就有一个人正经受着抑郁症的困扰，每 15 个人当中，就有一个曾经面对过这种疾患，并且男性比女性更容易患上抑郁症，其几率为 2∶1，并且抑郁症还具有一定的遗传性。但若没有重大事件的刺激，孩子和父母一般不会同时患上抑郁症。所以即使自己患有抑郁症，也不必忧心忡忡。避免孩子遭受不必要的打击，能很好地让他远离抑郁症。

　　抑郁症危害也比较严重，一旦被抑郁缠身，便会很难挣脱，有的甚至抑郁情绪反复发作，时好时坏。并且六成以上的抑郁症患者有过自杀的行为或想法，15％的抑郁病人最终自杀。

　　现代医学认为抑郁症发病一般不是单方面因素引起的，而是遗传、体质因素、神经发育和社会心理等因素共同作用的结果。

家族病史、婴幼儿期没有得到足够的爱、突发灾难、长期精神压抑等，都是致病因素。

所以在养育男孩的过程中，要注意孩子的心情，一旦发现孩子有抑郁的心理，要根据抑郁形成的原因，及时解除孩子身上的抑郁魔咒。让孩子保持一种快乐的心态去生活。

虽然引起抑郁的原因多种多样，引起每个孩子抑郁的事情也都有所不同，但调节抑郁的方法却有法可循。其实，平时的休闲活动都可以在一定程度上调节抑郁情绪。下面介绍几种实用的小方法，不妨一试：

第一，随意涂鸦：父母引导孩子把引起他忧郁的事情画出来，比如，因为想念双亲而忧郁，就把双亲慈祥的面孔画出来，不要计较像与不像，只要倾注全部感情去画。如果讨厌一个人，也可以去画他，把你厌恶的感情也画进去。

第二，写下随想：当孩子心情不佳时，不妨拿起一支笔，抒发胸中的情感，将心情诉诸纸上，会有释放的感觉。写完之后最好不要回头去看，否则忧郁的情绪会循环往复，无法自拔。

第三，亲近自然：当你感到无助和抑郁时，不妨置身于自然之中，感受自然的鸟语花香，忘记现实的烦恼。

第四，妙用便利贴：把鼓励自己的话，写在便利贴上，贴在自己一眼就能看到的地方，不时提醒和鼓励自己，便不会感到孤单和委靡不振。

第五，聆听音乐：虽然音乐的确能够达到调节抑郁的目的，但不同的人最好根据自己的喜好来选择音乐。

第六，欣赏绘画：绘画是一种美的艺术，欣赏绘画是一种高尚的审美情趣。不论欣赏者的文化水平高低，都能从优美的绘画形象中得到美的享受，受到启发和教育。观赏绘画是一种有益于人体身心健康的活动，特别是当孩子心情忧郁的时候，看山水、花卉、鸟兽、松竹之画，会让他心情好转。当孩子难以入眠，或心情不顺畅，或烦躁不安，此时观画，可养心神。翻看山水画集，见到那一座座宏伟的大山，就会被大山拔地而起、直耸云天的气势所感染，就会被大山的深沉、稳健、镇静所感化，会因百丈悬流飞瀑而兴奋，也会被千姿万态的异石奇景所迷，亦为鸟语花香所醉。心入画中，置身其间，心旷神怡，实可起到消除抑郁的作用。

第七，创造家庭好环境：良好的家庭环境是使得孩子免受抑郁侵害的保护伞。父母应避免长期在孩子面前吵架、向孩子诉苦、给他讲一些悲观的想法。

建议二：妈妈的鼓励就是投向男孩心灵的阳光

中国伟大的教育家陶行知先生曾深刻地指出："教育孩子的全部秘密在于相信孩子和解放孩子。"相信孩子、解放孩子，首先要欣赏孩子，没有欣赏就没有教育。现在让母亲们停下来，给自己设置一个场景：

假设你今天在公司认认真真地做了一份策划书，被同事大肆赞扬一番，你会怎么想呢？会不会感到很欣慰："我的努力没有白费。"

假设你今天烧了一桌可口的饭菜，丈夫孩子吃完后满足地说："嗯，今天的菜做得真好！"你心里会不会特别高兴，下次还兴致勃勃地为大家做上一大桌的好饭菜？

其实孩子也一样，他们也很需要妈妈的欣赏和认可。要知道鼓励可以说是每一个人的自然需求。谁能总是受着批评、指责、埋怨仍保持喜气洋洋、斗志昂扬呢？而男孩幼小的心灵就更需要鼓励了，鼓励能使孩子信心高涨，更加努力，就像托马斯说过的那样："有时候，及时有力的鼓励是对孩子最好的帮助。"

成功学大师拿破仑·希尔从小曾经被认为是一个坏孩子。母牛走失了、树莫名其妙被砍倒了等诸如此类的坏事，人们都认定是他做的，甚至父亲和哥哥都认为他很坏。人们都认为母亲死了，没有人管教是希尔变坏的主要原因。既然大家都这么认为，他也就无所谓了。

直到有一天父亲再婚。当继母站在希尔面前时，希尔像枪杆一样站得笔直，双手交叉在胸前，冷漠地瞪着她，一丝欢迎的意思也没有。

"这就是拿破仑，全家最坏的孩子。"父亲这样介绍道，而他的继母则把手放在希尔的肩上，看着他，眼里闪烁着光芒。"最坏的孩子？一点也不，他是全家最聪明的孩子，我们要把他的本性诱导出来。"

继母造就了希尔，他一辈子也忘不了继母把手放在他肩上的那一刻。

每一次鼓励都是给男孩创造一次机遇，男孩需要鼓励，需要信心，就如植物需要浇水一样，离开鼓励，男孩就不能进步。记得威廉·詹姆斯也曾经说："人性中最深切的本质，是被人赏识的渴望。"事实也的确如此。在现实生活中，没有一只狗会在打骂中学会站立；没有一个孩子会在批评中产生学习的兴趣；没有一对情侣会在相互的指责中增加彼此的爱意；也没有一对朋友会在嘲笑中增进彼此的友谊。

人人都需要鼓励！鼓励是一杯心灵的安慰，鼓励是源源不断的力量源泉，鼓励是对孩子真挚的爱，鼓励还是一种执著的肯定。孩子在鼓励的支撑下，会一点点地做到最好。

因此，学会由衷地鼓励自己的孩子是十分重要的。不要给男孩施加压力，而是营造一个轻松的成长氛围。越是在自卑或不如意的时候，男孩越需要鼓励和欣赏，要知道过火的指责和粗心的淡忘，只会给男孩造成心理上的负面影响。

细节69　男孩忧虑善变怎么办

生活中有这样一群男孩，他们责任感强，老师说："今天打扫教室的同学一定要记得关窗子啊。"他们绝对不会像活跃型孩子那样等玻璃被狂风打碎才想起老师的话；他们感情细腻，多愁善感，看到红叶落下便会悲叹生命的可悲；他们还有一颗特别谨慎小心的心，当你说："今天的阳光真灿烂。"他们也要多想一下："这话有其他意思吗？"他们做起事来很少有果断干脆的时候，因为对未知的怀疑和想象，他们的口头禅一般是"虽然……但是……"和"如果……"

这类男孩与天性活泼的男孩相反。活泼的孩子最大的特点是把事物的积极面放大，而他们的特点是善于把事情坏的方面无限放大，一直沉浸在悲伤和难过中度日；活泼型孩子往往责任心不强，老是丢三落四，而他们一旦负责起什么事情来就会认真做好；活泼型的孩子大大咧咧，对人毫无防范之心，而他们有着很强的猜忌心，警戒心很重；活泼型的孩子有什么烦恼都说出来，而他们则喜欢把自己的心当成一口很深的井，胆怯和孤单常把心中的创意和感情抑压。

不过，怀疑型男孩身上有个最大的优点，那就是忠诚，他们忠诚于自己认定的事情，为了达到目标，他们可以不求回报，牺牲自己的利益。而且他们不像其他性格的孩子那样追求即刻的成功和回报。和其他性格的孩子比起来，怀疑型孩子的洞察能力是最强的，他们能够轻易洞察到身边的朋友谁心里高兴却装作若无其事；谁内心悲伤却面无表情。这对活跃型的孩子来说，是他们无论如何都想不明白的："这些家伙怎么像装了雷达，我想什么都逃不过他的眼睛。"

因为超强的洞察力，所以怀疑型孩子总是能够轻而易举地明晰自己身边的情况哪些有利、哪些不利。他们习惯于放大事物的缺点，忽视事物的优点，他们就是看到杯子里的半杯水会感叹"怎么只剩下半杯了"的那一类人。

任何一种性格都有各自的优点，但也都有各自的缺点。中年人之所以显得成熟，正是因为他们经过生活的磨砺，已经把性格上的棱角磨平，性格渐渐趋于完善。因此，要想孩子成为受人欢迎的人，就要想方设法帮助他们克服性格上的缺陷，发扬性格上的优点，做一个性格完善的人。

建议一：男孩的焦虑源自父母反复无常的情绪

小龙是一个胆子很小的男孩，他从小生活在爷爷奶奶身边，爷爷奶奶对他呵护有加，关爱备至。那时的小龙活泼开朗，常常逗得爷爷奶奶哈哈大笑。

小龙6岁的时候回到了父母身边生活，爸爸脾气比较暴躁，小龙在他面前经常吓得什么都不敢说，不敢做。

一天，家里来了客人，爸爸让小龙给客人倒水，一不小心，茶杯摔在了地上，爸爸当着客人的面劈头盖脸地骂道："你真是个笨蛋！"生性敏感的小龙羞愧得无地自容，眼泪大滴大滴地往下掉。当天晚上，小龙做了一个噩梦，梦见爸爸恶狠狠地瞪着他，并用手指着他的鼻子大骂。从那以后，小龙只要看到爸爸就紧张，越紧张越是出错，每当这时，爸爸都毫不留情地加以训斥。小龙最后患了恐惧症，每天晚上做噩梦，一点儿风吹草动都会令他紧张得不行。

小龙的父母是爱他的，这一点毋庸置疑，但是父母无法控制自己的情绪，常常以粗暴的打骂来发泄情绪。他们一般是在父母阴晴不定、时好时坏的情绪中度日的。父母不高兴的时候，可能毫无原因地就对他们大发雷霆，高兴的时候，又可能对他们有求必应。在这样反复无常的生活中，孩子变得敏感多疑，时刻在对父母脸色的察觉中生活，于是他们最早学会的是揣测父母的态度，在这个察言观色的过程中，他们也学会了犹豫，以此来检查危险信号，他们童年的无助感，直接在焦虑中导致了怀疑特质的产生。

焦虑是一种可以转移的情感，最后完全可能发展成一种不敢面对他人、不敢面对权威的恐惧。我们还会发现，焦虑引起的压抑和恐惧会在其他领域反映出来，到最后和最初引起焦虑的问题已经没有关联。所以一定要让孩子在一个平和的环境中成长，尽量减少他们的焦虑感。

父母之间的恩爱、和睦的家庭氛围能够为男孩的身心成长注入生机与活力，增加男孩对生活的信心与勇气。在一个良好的家庭氛围的影响下，男孩一定可以健康、茁壮地成长。

那么父母应该注意什么呢？

第一，不要总是用命令的口气和孩子说话。

第二，父母要勇于承认自己做错的地方。

第三，正确对待孩子的反抗情绪。

第三点需要特别注意。有些家长高兴时，孩子提什么要求都满足，可当自己情绪不好时，即使孩子没有错也要批评一番。如果家长对孩子的态度经常是情绪化的，那家长在孩子面前就会失去权威。

随着孩子的成长，他已经有了自己的想法和看法，所以家长在管教孩子时经常会遇到孩子的反抗情绪。这种情绪通常通过愤怒、反抗、抵触的态度表现出来。在教育孩子时，本来孩子让父母说几句便可没事了，但孩子一顶嘴，很多父母便可能会勃然大怒，而说教也可能升级为一场打骂。

其实，反抗是孩子精神成熟的重要标志。从根本上讲，孩子自立、有主见就意味着要脱离父母并且开始产生与父母相异的想法，当然，其中有些想法可能会与父母近似。然而，即使这样，他们也不会囫囵吞枣地听信父母，而是将其纳入自己的思维框架中进行选择，接受自己认为可以接受的部分。不服从父母，甚至与父母发生争执，都是伴随着孩子的独立性增强而自然发生的现象。

总之，父母要注意的是，男孩在真正长大之前，做事情总是欠考虑，往往采取较为激进的做法，比如激烈地反驳家长。某段时期男孩总是感情用事，这时做父母的也不要与孩子计较，而要在孩子面前保持冷静。这一点对于孩子的成长极为重要。

建议二：过多的质疑、指责会使男孩变得胆怯、犹豫

我和我的学生已经相处快两年了，他们就像我的孩子，有什么委屈和不开心的事情都会和我倾诉，在我细心的呵护下，每个孩子的进步都很大。回想刚接这个班时，孩子大都活泼好动，特别是有几个"壮小伙儿"活动能量超大，听"1、2、3，发射！"肯定又是他们在玩儿发射火箭的游戏，这小拳头真轮到同学身上可怎么办？怎样才能使学生们在最短的时间里安宁下来呢。看来只有使出老招数"扮黑脸"了。此后，我常常板着脸，做出一副很厉害的样子。这一招，果然很管用，学生们开始变

得规规矩矩，班里的秩序比以前也好多了。正当我为自己的方法奏效而感到得意时，一件事情却让我给自己打了个大大的问号。

一天早上，我像往常一样走进教室，第一眼就发现昨天刚整理过的书籍又变了样儿，我记得把书摆得整整齐齐的，这下怎么变成拱形的了。肯定是又有人乱翻东西了！孩子们怎么刚守了两天规矩又乱来了，我很生气。

"是谁干的？"我指着书桌问。学生们一个个都低下了头。"到底是谁干的？"我板着脸继续问。还是没有人肯承认。当我第三次指着问话的时候，终于有人站起来指了指姜奕涵。姜奕涵看了看我，低着头开始哭起来。做了错事还哭，但看着他可怜的样子，我也放弃了要狠狠批评他的念头。我告诉全班同学，要爱护大家共有的学习用品，不能随便翻动老师整理好的教具，他也马上点点头。

看着学生认真的样子，似乎都有触动，我想今天的事情肯定不会再发生了。

大概过了一个星期，课间，我回教室拿东西，使我意想不到的一幕发生了。图书角的书又变成拱形了，我正想勃然大怒，突然想起我最近在书上看到的教育艺术——换个角度教育学生，于是我问："这座桥真漂亮，是谁搭的？"只见土梓丞"腾"的一下站起来，用手指着自己，脸上满是自豪的笑，说道："是我做的。"是啊，面对同一件事情，孩子做出了如此不同的反应。不能说是孩子善变，看来问题出在我身上。

两种截然不同的反应有着必然的原因，我们的孩子很善于从大人的态度、表情中洞悉事件的程度。家长老师竖起的大拇指会让孩子有成就感，而严厉的指责使他联想到了不妙的后果，于是他就会选择退缩，想到了用哭去面对。

孩子是真实的，自然的。"皮格马利翁效应"告诉我们面对成人赞许、肯定的目光时，孩子心里会更自信，性格会更开朗、思维会更活跃。相反地，过多的干预、质疑、指责会使孩子变得胆怯，犹豫不前。

细节70 你的男孩属于哪种血型

　　莉莉是幼儿园的老师，她班上的18个孩子淘气、可爱、聪明。虽然他们年龄相当，却个性迥异，比如孙晓磊乖巧懂事，浑身上下透着一股沉静的气质，吃饭的时候自己乖乖吃饭，睡觉的时候也不像李楠楠那样总要老师提醒才上床；而李楠楠呢，特别顽皮，上课不是揪这位同学的头发就是把那位同学的课本藏起来；还有张易博，虽然是个男生，但特别胆小，常被李楠楠用毛毛虫吓哭。

　　为什么年龄相差无几的孩子们性格相差这么大，而且身上呈现出的气质都各不相同？

　　生活里，未见对方说话，只是看一个影像，我们就会对对方作出一个初步的判断，"这人应该很温柔典雅""这人看起来就很和蔼可亲，是我喜欢的类型"。这正是气质的奇妙之处。它不借助任何东西作为依托，而是通过我们的举手投足展现出来。

　　气质是一个古老的心理学问题。首先它与血液有关，血液、黏液、黄胆汁和黑胆汁。四种体液协调，人就健康，四种体液失调，人就会生病。几世纪以后，罗马医生哈林用拉丁语"empera-metnum"一词来表示这个概念。这就是"气质"概念的来源。我国古代的思想家孔子从类似气质的角度把人分为"中行""狂""狷"三类。其中他主要指出后两者的特点："狂者进取，狷者有所不为。"意思是说，"狂者"一类的人，对客观事物的态度是积极的、进取的，他们"志大言大"，言行比较强烈表现于外；属于"狷者"一类的人比较拘谨，因而就"有所谨畏不为"；而"中行"一类的人则介乎两者之间，是所谓"依中庸而行"的人。

气质是人格中的先天倾向，它不同于人格的形成，除了以先天禀赋为基础外，还受到社会环境的影响。它是由人的生理素质或身体特点反映出的人格特征，是人格形成的原始材料之一。在孩子婴儿时期就有表现，如有的婴儿安静，有的好哭。等长大了，有的孩子沉静安详，关怀体贴别人；有的孩子性格开朗，处处透出大气凛然的风度，所以气质常常表现在一个孩子的性格上。

前面我们已经说过人有血液、黏液、黄胆汁、黑胆汁四种体液。早在公元前5世纪，古希腊著名医生希波克拉底根据哪一种体液在人体内占优势把气质分为四种基本类型：多血质、胆汁质、黏液质和抑郁质。多血质的人体液混合比例中血液占优势，胆汁质的人体内黄胆汁占优势，黏液质的人体内黏液占优势，抑郁质的人体内黑胆汁占优势。

不同血型有与之对应的行为特征：

1. 血型：A型血

气质类型：多血质。

性格类型：活泼型。

行为特征：活泼易感好动，敏捷而不持久，适应性强，注意易转移，兴趣易变换，情绪体验不深刻且外露。

2. 血型：B型血

气质类型：黏液质。

性格类型：安静型。

行为特征：安静沉着，注意稳定，善于忍耐，情绪反应持久而不外露，容易冷淡，颓废。

3. 血型：O型血

气质类型：胆汁质。

性格类型：兴奋型。

行为特征：精力充沛，动作有力，性情急躁，情绪易爆发，体验强烈且不外露，不易制止，易冲动。

4. 血型：AB 型血

气质类型：抑郁质。

性格类型：抑郁型。

行为特征：反应迟缓敏捷懦弱，情绪体验深刻，持久且不外露，动作缓慢，易伤感，孤僻，善观察小事细节。

不同类型的孩子会拥有不同的气质，但孩子的气质并无好坏之分。每一种气质都有积极和消极两个方面，在这种情况下可能具有积极的意义，而在另一种情况下可能具有消极的意义。如胆汁质的孩子可能成为积极、热情的人，也可发展成为任性、粗暴、易发脾气的人；多血质的孩子情感丰富，工作能力强，易适应新的环境，但注意力不够集中，兴趣容易转移，无恒心等；而抑郁质的孩子学习中耐力差，容易感到疲劳，但感情比较细腻，做事谨慎小心，观察力敏锐，善于察觉到细小的事物。这就是血液与气质之间的微妙关系。

建议一：血型影响男孩性格

血型 A、B、O、AB 的四个男孩一块去食堂。

四个男孩默默吃着自己的饭谁也不说话，突然，吃了一半的 AB 站起身来跑了出去，A 和 O 觉得很好奇："他怎么了，还没吃完就走了？"

O 越想越奇怪，于是决定去看看 AB 干吗去了，便站起身来跑了出去。这个时候 A 坐不住了，带着怀疑的口从这个小故事中我们会发现各种血型的特点：A 型血的男孩担心周围的事，盼望有平稳的人际关系；B 型血的男孩不愿受束缚，我行我素，不受周遭的影响，不在乎习惯与规则；O 型血的男孩不愿被压制，具有同伴意识，喜欢有个性的事物；AB 型血的男孩特立独行，具有独特的思维方式。

其实放眼生活，我们很容易发现各种血型孩子对事情处理方式的不同，比如妈妈洗了一块窗帘，正准备晾的时候接到单位的电话，于是妈妈对在一旁看动画片的孩子说："儿子，妈妈有事去一趟单位，你把窗帘晾阳台上吧。"儿子乐呵呵地回答："你放心吧妈妈，这事就交给我啦。"

这个时候，A 型血、B 型血、O 型血、AB 型血的孩子分别会怎么做呢?

A 型血的男孩看妈妈一走，便关了电视来到洗衣机旁，把妈妈放在盆里的窗帘拿到阳台上，先用抹布把晾衣竿擦干净，然后把窗帘挂上去，最后把窗帘的各个边角扯平，挂在阳台上的窗帘工工整整好似一幅画。

B 型血的男孩等妈妈关上门，眼睛一边盯着电视里的"火影忍者"，一边慢慢挪到洗衣机旁，拎起窗帘跑到阳台胳膊一甩，于是窗帘就稳稳当当地搭在了晾衣竿上。等妈妈回来一看，窗帘好似一条大麻花挂在阳台上，顿时哭笑不得。

在这件事情中 O 型血的男孩特别简单，因为等妈妈一走，他斜眼一瞅盆里的窗帘，说："等我先睡一觉再挂吧。"于是倒在沙发上便呼呼大睡，直到妈妈回来才发现窗帘还在盆子里躺着呢。

　　AB型血的男孩是这件事情当中最令妈妈生气的男孩，因为妈妈前脚一出门，后脚他就拎着妈妈洗好的窗帘当自己的"秘密武器"，在沙发上一边甩一边蹦来蹦去，嘴里还振振有词："哼哼哈嘿，快使用双节棍……哼哼哈嘿，快使用双节棍……"等妈妈急匆匆地回到家，发现那块可怜的窗帘搭在沙发靠背上，而且沾满了灰尘……

　　在上面这个例子中，虽然是同一件事情，可是孩子们的表现却大不相同。那么血型为什么可以决定孩子的性格脾气呢？

　　血型是一种与生俱来的生理因素，生理因素对性格的形成有决定性作用，而血型作为重要的生理因素之一，也就决定了不同血型的人具有不同的性格特征。

　　日本的专家们经过多年研究，认为血型有其有形物质和无形气质两方面的作用。其中气质是无形成分，血型的气质表现，就是这类血型的孩子特定的思维方式、行为举止、谈吐风度等，是随着父母的生物遗传而延续到孩子身上的。比如O型血的孩子的性格特征是热情、坦诚、善良，讲义气，办事雷厉风行、踏实苦干、效率高；B型血的孩子聪明、思路广，拓展力强，最怕受约束。但血型与性格除了遗传因素决定其本质外，还受环境，比如学校、家庭、社会的影响，所以性格才千差万别。

　　既然男孩的性格与血型有关，而血型又是生来就有，那么家长就要以此为出发点，去观察、分析孩子的性格特征，并以此为依据采取相应的方法对孩子进行教育。在所有的方法中，顺应天性的教育无疑才是最成功的教育。

建议二：妈妈应根据不同的血型与男孩沟通

父母有许多的人生经验想传授给男孩，但是，孩子却不一定愿意听。你是不是经常遇到下面的情况：

> 本来是想坐下来和孩子好好沟通下，一句话还没说出来，孩子就朝你嚷嚷："哎呀我和你有代沟，没法说。"当你想向孩子传授一下自己多年的人生经验，没想到话刚起了个头，孩子一句"你那套方法早过时了"就把你的话给生生噎了回来……

可怜天下父母心，没有哪位父母不希望孩子在自己人生阅历的指导下以后能少走些弯路，但崇尚自由向往未来的他们并不见得愿意坐下来听你说，那么怎样才能解决这个问题呢？

还是从男孩的血型下手。我们知道孩子的性格与血型有关，而血型又是生来就有、不能改变的，所以父母就要以此为出发点，去观察、分析，根据血型与孩子科学相处，避免与孩子产生隔阂。

我们举一个例子，如果男孩是 A 型血，喜欢按部就班、有条有理的生活，他们就特别讨厌 B 型血的男孩不拘小节经常迟到。试想这两种人相处，难免产生摩擦。而 A 型血的男孩与 O 型血的男孩相处，不但相互间交流舒畅，而且能营造出良好的气氛。又比如，A 型血的男孩与 A 型血的人相处就不十分恰当，因为容易挫伤对方且不易弥合。俗话说"江山易改，本性难移"，当父母了解了男孩的血型特征，交谈中被他们激怒时，对待男孩的言行就会比较冷静客观，作出的反应也比较恰当。因为男孩天生就是这种性格，即使用指责、埋怨、愤怒的方式也无济于事，只有用理解的态度，宽容和体谅他们，才能避免矛盾的发生，并引导事情向好的方向转化。

同时，父母也应该根据孩子的血型特征来相应地转变自己的行为习惯。

1. A 型血

特征：有牺牲奉献的精神，具有协调性；积极服务别人，重视周遭气氛；喜爱孤独，易掩饰自己的真心，无法信任别人。

欣赏的类型：喜欢衣着朴素，做事认真且行动有力，头脑灵敏，信心十足，关心家庭生活的父母。

2. B 型血

特征：个性爽朗、开门见山、心肠软、有同情心，爱好横向关系的拓展；全凭直觉及印象，容易不顾一切地蛮干下去；不求结果，只在乎过程，极为重视现在。

欣赏的类型：喜欢穿着端庄、有品位、言谈举止得当、乐观积极的父母。

3. O 型血

特征：洞悉大局后采取行动，一旦下定决心便很难再改变；对善意、恶意很敏感，以信赖感为主轴，有很彻底的同伴意识，喜欢成群结党。

欣赏的类型：欣赏装扮入时有自信，个性活泼的父母，喜欢谈吐热情又风趣的谈话方式。

4. AB 型血

特征：天生和平主义者，很热心地做一些与自己的利益无关的事，对人忽冷忽热，常被视为异端；特立独行，不会主动投入团体。

欣赏的类型：喜欢穿着讲究、有品位、清爽、朴素典雅的父母，喜欢谈论有关学术性、艺术性的话题。

总之，理想完美的相处关系应是家长时时能与孩子沟通，而孩子也能尽快地了解家长的意图，其中最好的模式就是 O 与 A、A 与 AB、AB 与 B、B 与 O 的相处关系。当父母能遵循这个模式去与孩子相处或是改善自己的谈话方式时，相信就会取得良好的效果。

细节71　你的男孩属于哪种人格

和孩子一起排队等车，突然有人插队，这时不同的孩子就会有不同的反应——

　　有些孩子会生气，问他为什么生气，有的孩子会说"人们按先后顺序排队，插队是不应该的，是不守规矩的"，有的会说"插队对排队的人太不公平了"，有的则会说"那后面排队的人岂不是太不值了"，还有的孩子就是莫名火起。

　　有些孩子会皱着眉紧盯着插队的人看却不出声，如果问他在想什么，他会说"插队会影响秩序，是不对的"，但他说话的声音特别小，几乎是嗫嚅地，因为他很怕被周围的人特别是那个插队的人听到。

　　有些孩子则很平静，像什么事都没发生一样，如果问他怎么看插队的人，他可能会说"可能他有些事情急着要办，着急上车"或是"插队就插队吧，我无所谓"。

可见，每个孩子都有其不同的思维模式和行为特点。从深层次究其原因，正是因为每个孩子都具有不同的价值观所致，有的孩子重视公平、有的重视规则、有的则重视他人的感受，由此就可以将不同的孩子归为不同的人格类型。

每个孩子自出生开始，就具有一种独特的气质，也就是天生的性情和脾气。这从婴儿时期其实就可以捕捉到，例如有的婴儿很少哭闹、特别爱笑，而有的则显得脾气暴躁、常哭哭啼啼，这其实就是婴儿气质的外部情绪体现。不过，每个孩子在婴幼儿时期的情绪并不独受制于自己的气质，很多时候父母的性格脾性和管教方法也会影响他们的情绪。所以，如果想要孩子朝着其所属类型的较高层次发展的话，父母就要根据他们固有的性格惯性进行趁势的引导和教养，以期孩子能有一个健康的发展方向。

那么，父母怎样才能知道孩子属于哪一型人格呢？

最简单的办法就是通过直接观察，仔细观察孩子的一言一行，尤其是在他不说话的时候，最能反映出他的类型。而且，年纪相对较小的孩子更容易观察，因为年龄较小的孩子心理防御机制还尚未成型，此时的孩子不会对自己的感受、情绪、想法和行为做过多的掩饰或抑制，所以有经验的父母就很容易看出孩子大概属于哪一种类型。

举几个简单的例子，1号完美型的孩子从小做事就非常有条理，自理能力很强，很爱批评那些不合规矩的事，比较爱钻牛角尖，常常把"应该、不应该"和"对、错"挂在嘴边，对自己的要求很高；5号观察型的孩子比较内向，求知欲很强，对知识性强的书籍特别感兴趣，不善与人交往，也不喜欢和家人谈自己的想法；而7号享乐型的孩子则是精力充沛、整天嘻嘻哈哈的，他们很容易对新鲜的事物发生兴趣，计划很多但没有几个真的可以实现，他们最容易半途而废。总而言之，年幼时期的孩子并不懂得掩饰自己、用一些刻意为之的行为向父母传达虚假的信息。所以，趁孩子还处于幼年时期，及时判定出他们属于九型人格中的哪一类，无疑是较为准确的。

对于年龄较大的孩子来说，有的时候直接观察可能就不一定那么有效了。不过，孩子每做出一个行为都是其心理活动的一次反映，因此父母平时就要留心孩子的行为、言语甚至是表情，在此基础上保持和孩子的深度沟通，了解他行为背后的心理活动机制，以此来获得关于孩子的最准确的信息。

建议一：怎样判断男孩的人格类型

人格被分为九型，每个男孩都属于一个相应的类型，而这个型就是男孩的基本人格形态。虽然孩子的基本性格形态不会改变，但孩子为了顺应成长环境、学校教育，他们在安定或压力的情况下，有可能出现一些个性差异。所以，某一型的典型描述，只是一个大致方向，不见得全然符合某一个孩子。

这九种类型的特点如下：

1. 完美型

优点：有条理，负责，能够自我控制，追求完美，注重细节。

缺点：自我批判过度，爱钻牛角尖，苛刻。

主要表现：不玩稍有破损的玩具；作业字迹工整；要求自己必须考 100 分才能得到奖励；非常注重老师的表扬；容易内疚自责。

2. 助人型

优点：有爱心，乐善好施，随和，善于处理人际关系。

缺点：占有欲强，不懂拒绝，缺少主见爱随大流。

主要表现：喜欢小动物；爱帮助别人，但不考虑自己的实际能力。

3. 成就型

优点：自信，适应力强，注意力集中，卓越，有干劲，察觉力强。

缺点：自恋，爱炫耀，争强好胜，逃避失败，害怕被人洞悉自己的内心。

主要表现：学习观察能力很强；在小朋友们面前非常注重自己的形象；爱在大人面前表现自己；喜欢出风头以受到老师的关注。

4. 自我型

优点：具有独特性，创造力强，有主见，自信。

缺点：情绪变化无常，对批评过度敏感，易忧郁、妒忌。

主要表现：认为自己才是正确的；生活中我行我素，追求独特；情绪变化很快，易激动；经常沉迷于自己的幻想当中；喜欢向老师父母提出奇奇怪怪的问题。

5. 理智型

优点：遇事冷静，条理分明，观察敏锐，求知欲强，分析能力突出。

缺点：沉默寡言，欠缺活力，反应缓慢，固执死板。

主要表现：喜欢和身边的同学保持一定的距离；不喜欢参加课外活多；对《十万个为什么》类型的书很感兴趣。

6. 疑惑型

优点：做事谨慎负责，团体意识很强，务实，守规。

缺点：不轻易相信别人，多疑虑，安于现状，缺乏创造力。

主要表现：对父母依赖性很强，不喜欢单独活动；在学校遵守校纪校规；对待学习踏实认真。

7. 活跃型

优点：热情开朗，乐观，积极主动，具有感染力。

缺点：做事欠缺耐性，易冲动，定力很差。

主要表现：贪玩，很容易对电子游戏上瘾；多才多艺，喜欢带动朋友之间的气氛；不喜欢受老师父母的管教；学习上老半途而废。

8. 领袖型

优点：果断，自信，不拘小节，独立，勇敢有闯劲。

缺点：具攻击性、以自我为中心，报复心强。

主要表现：妈妈叫不要做的事情，偏要去做；爱指挥同学干这干那；经常成为班级活动的带领者。

9. 和平型

优点：随和，接受能力强，有耐心，协调性好。

缺点：做事缓慢，懒惰，压抑，优柔寡断。

主要表现：怕见生人，害羞；没有爸妈的督促就完不成家庭作业；不喜欢和同学争辩，也不爱出风头。

必须强调的是：每一个人的成长环境都是独一无二的，所以同类型孩子之间可能有许多共同点，却也各自拥有一些只属于自己的东西。这其中，没有哪一型比较好，也没有哪一型比较差的绝对价值观，每一型的孩子都各有其优缺点。父母了解孩子的人格类型后，不应该给孩子贴上标签，拿着"类型特征"的借口来限定孩子，或者是武断地认定孩子未来的发展状态。每一型的孩子都会受健康或是不健康的因素的影响，从而产生不同的变化。

所以，父母应该在完全了解孩子的基础上，结合孩子的性格特征采取相应的教育方式，让他们扬长避短，最大限度地发挥出自身的优势。要知道，每个孩子都有自己性格的优缺点，而那些日后能够成功的孩子，就是因为他们懂得如何利用自己的性格，完善自己的人生，从而取得理想的人生。

建议二：爸爸妈妈应该尊重男孩的人格类型

人格类型是天生的。孩子呱呱坠地，来到这个世界上的那一刻，他们的人格类型就已经确定了，这可能是由在子宫内遇到的事件所决定的，也可能是由母亲怀孕期间的精神状态所决定的。换言之，亲子关系不能决定孩子的人格类型，但会影响孩子的健康程度。因为在孩子的成长阶段，他们将显现出大人意想不到的能力和处世方式，期间如果父母无意之中阻拦了他们的自然发展，孩子便会成为心灵扭曲的人或精神病患者。

所以，父母必须观察孩子的类型，并且以孩子所属型号的最佳发展来与他们相处、引导他们成长，而不是试图去改变他们。于是，当父母通过心理工具（例如九型人格）去引导孩子发展自我时，便给孩子带来了最宝贵的礼物：情感健康的童年和更加愉快的未来。

用一个很简单的例子来说明：

小伟的父母都属于性格外向的人，他们精力充沛而富有活力，但是他们的宝贝儿子却安静、严肃并且内向。小伟讨厌跟着爸爸妈妈到处串门见朋友。比如出门前妈妈会说："儿子，今天咱们去李叔叔家，记得叫人哦。"可是到了李叔叔家，任凭爸爸妈妈在旁边怎么威逼利诱，小伟就是不开口，急得爸爸差点没动手打他。

久而久之，爸爸妈妈认为小伟太内向，便给儿子报了合唱团，想让儿子变活泼一点。但是去了一次以后，小伟就再也不去了。父母逼急了，往往是前脚刚把他送到少年宫，后脚老师就看不到他的人影了。打也打了、骂也骂了，小伟不但变得更加不爱说话，而且还处处躲着父母。小伟的父母为此烦恼不已。

由此可见，若不了解孩子的性格类型，父母和孩子之间的关系也许就会变得紧张。小伟也许不自觉地认为："我一定很让爸爸妈妈失望。"这可能会导致孩子情感上的无助。而父母设法操控或迫使孩子更像他们，却因为不了解孩子而感到内疚："孩子变成这样都是我的错。"

不难看出，如果父母能够清楚地了解九种性格各自的特点，明白是什么驱使孩子和自己产生不同的行为，如："孩子为什么喜欢安静？孩子为什么不肯开口叫人？"通过孩子的性格表露发现其内在的人格类型，完善孩子的性格也就变得非常简单了。

小伟的少言寡语，其实就是因为他属于九型人格中的理智型。他的思维模式和习惯决定了他沉默寡言、欠缺活力，甚至反应缓慢，所以他喜欢和陌生人保持一定的距离，不喜欢很热闹的场合。

但父母只要仔细观察就会发现，属于这一性格类型的小伟在沉默寡言的同时，思维分析能力和求知欲会很强，而且他遇事一定能够从容不迫地应对。当疑惑的父母明白了这些问题后，尊重孩子的性格类型，再加以恰当的引导，相信一切难题都能迎刃而解。

建议三：把握九型人格就能把握男孩的成长脉搏

人的气质从一出生就已经确定了，这是所有研究九型人格与发展心理学的学者们公认的事实，并猜测这可能与遗传、胎儿时期的子宫内环境、母亲在怀孕时的精神状态等因素相关。但无论到底是何种原因，人的气质是天生的，这是不可改变的事实，所以父母研究九型人格，其目的不是为了创造或改变孩子的人格类型，而是承认并尊重孩子的人格类型，接受他们的内在价值，协助他们根据自身的类型发展优势的潜力，和他们共同成长。

人格的发展层级决定着人格的健康程度，同一类型的人格有着健康状态、一般状态和不健康状态之分，并且在不同层级他的行为方式和性格惯性也都不尽相同，例如一个健康状态下的 7 号充满了活力、自信乐观，而不健康状态下的 7 号就有可能终日玩乐、脱离实际。一个人成年后处于他所属的人格类型的第几层级，很大程度上取决于童年时期的经验影响以及父母的教育方式。父母能否考虑到孩子的类型并据此因材施教，将极大程度地影响孩子的人格发展水平，一个在父母施教得当的家庭环境中成长的孩子，其人格的发展层级相对就较高，就会向着健康状态良性发展；而一个出生在父母施教不当环境中的孩子，他在成长过程中就会不自觉地关闭其能力、生命力和情感的流露通道，与此同时架起因受各种各样侵害而自设的防御反应。换句话说，建立在对人格尊重基础上的教育会使孩子处于一个更加健康的发展水平，反之则会令孩子处于较低和不健康的发展水平。

常听到有的父母抱怨自己的孩子有这样或那样的问题，殊不知这极有可能是自己无意中以错误的教养方式养成了孩子的这种毛病。要知道，并不是每一个孩子都容易配合父母的，例如父母精力充沛、性格外向善于社交，而孩子是安静、严肃并且内向的，那么父母和孩子之间的互动也许就会变得紧张。孩子也许会不自觉地认为，父母对他感到失望，这就会导致孩子情感上的困难，而父母则会埋怨孩子太自闭、不懂人情世故，于是就很有可能不自觉地给孩子施以无形的压力，从而使孩子越来越谨慎小心、越来越自我怀疑，这无疑对孩子的身心发育是极为不利的。

有位父亲太过重视对孩子的教育，因此当孩子出现一件事情或是需要解决某个问题时，他总是先与妻子两个人关上房门商量对策，决定谁来找孩子谈，谁来演黑脸谁来做红脸，然后再根据商量的结果对孩子施行教育。结果，这造成了一个问题，就是失去了在孩子碰到问题时及时纠正和教育的机会，让孩子每次都在不知道发生了什么事情的情况下，突然接受父母想好的解决方案。而这个孩子本身就是容易怀疑和忧虑的 6 号人格，父母的这种做法就更令他频繁地处于猜疑和想象中，使其惶惶不可终日，每天担惊受怕了，且总是闷闷不乐。

如果家长忽视了孩子本身的性格特质，纵然再重视家庭教育、投入再多的精力，也是于事无补，甚至是过犹不及。因此，对孩子的教育，一定要建立在把握孩子性格特质的基础上，并遵从孩子的情绪变化，因势利导。有着"情商之父"之称的美国心理学家丹尼尔·戈尔曼曾提出过，家庭情绪教育需要以下 5 个步骤：

1. 觉察情绪。即解读孩子在游戏、交流和每天的日常活动中无意识地隐藏着的情绪信息。只有在觉察自己情绪的基础上，才能进一步觉察孩子的情绪。

2. 认可孩子的情绪是亲近和给孩子以情绪教导的一个良好机会，即认可孩子的消极情绪，让孩子感到一种慰藉，一种解脱。

3. 以同理心去倾听并肯定孩子的感觉，即用心真正去感觉孩子的感受，用语言以抚慰的非批评的方式反映他们所听到的，并帮助孩子认识自己的情绪。

4. 口头上的情绪描述，即当孩子的情绪受到刺激时，帮助他们去描述这情绪，使孩子能把一种无形的、恐慌的、不舒适的感觉转换成一些可以被定义、有界限而且是每天生活里正常的一部分的东西。

5. 建立规范并帮助孩子解决问题。这包括建立规范、确定目标、思考可能的解答、帮助孩子选择一个解答方案。其中建立规范是关键，必须让孩子知道什么行为是对的，什么行为又是错的，然后父母可以指导孩子思考一些较适当的方法来驾驭消极情绪。

总而言之，父母必须要学会观察孩子的人格类型，并且以其所属型号的最佳发展来与其相处，而不是意图去改变他们。要知道，没有哪一种性格比另一种好，而是每一型都会转往更健康及更恶化两个方面。作为家长，只要留心从日常生活中观察孩子的行为动机，便能准确判断孩子的性格类型，在得出结论的基础上接受和善待不同的类型，采用适当的管教方法，便可以将孩子人格中的优势潜能充分调动起来，使孩子向着更健康的层次上发展。